99x NIEDERLÄNDISCHE NORDSEEKÜSTE

wie Sie sie noch nicht kennen

Handverlesen von
Alexandra und Ralf Johnen

BRUCKMANN

Inhalt

Provinz Nordholland

Zuid-Holland

Den Haag

Rotterdam

Zeeland

Vorwort

Die niederländische Nordseeküste ist der Strand des Ruhrgebiets. Diesen Eindruck kann man gewinnen, wenn man im Sommer dorthin fährt und ein weiß-schwarzes Nummernschild neben dem anderen sieht. Die Strände sind beliebt, insbesondere bei Urlaubern aus Nordrhein-Westfalen: Hunderttausende fahren an langen Wochenenden und in den Ferien an die Gestade der niederländischen Watteninseln, nach Nord- und Südholland und natürlich ganz besonders gerne nach Zeeland, die Provinz mit den angeblich meisten Sonnenstunden der Niederlande.

Viele sind schon als Kinder im Urlaub nach Holland gefahren und kommen nun mit ihren eigenen Kindern oder gar den Enkeln immer wieder zurück. Wer kann es ihnen verdenken: Die Strände sind breit und sauber, die Niederländer ein entspanntes, »gezelliges« Völkchen und an Ablenkungsmöglichkeiten bei dem zuweilen durchwachsenen Wetter mangelt es nicht.

Die Kenntnis der Deutschen über die Küste ihres Nachbarlandes scheint also im Allgemeinen recht groß. Aber wer weiß schon, dass man auf der Insel Texel ein Wellnessbad in Wolle nehmen kann oder dass in Zeeland edle Weinreben gedeihen, dass ein Menü auch im Riesenrad mundet und dass findige Wasseringenieure kurzerhand neue Strände geschaffen haben, als Schutz vor dem steigenden Meeresspiegel?

99 x Niederländische Nordseeküste lädt Sie ein, die scheinbar bekannten Baderegionen neu zu entdecken. Dabei reicht das Spektrum von der unberührten Natur der Watteninseln bis zu ungewöhnlichen Übernachtungsangeboten in Städten wie Den Haag oder Rotterdam. Von schrägen friesischen Sportarten bis hin zu schmackhaften zeeländischen Spezialitäten. Von eigentümlichen Einkaufstipps bis hin zu kuriosen Museen. Dieser Reiseführer ist für alle, die »ihr« Holland neu entdecken möchten.

»Veel plezier« auf Ihrer Nordsee-Entdeckungsreise wünschen
Alexandra und Ralf Johnen

01 Wohnzimmer von Schiermonnikoog

Das Hotel Van der Werff gab es schon, als auf den Nordseeinseln noch kein Mensch an Tourismus gedacht hat. Das Haus ist über die Jahrhunderte zum gesellschaftlichen Mittelpunkt des Eilands herangewachsen. Diese Funktion erfüllt es bis heute auf seine eigene, unnachahmliche Weise.

Die Strände und die Dünen mögen bei gutem Wetter noch so hinreißend sein. Doch wenn ein strammer Wind aus Nordwesten weht und der Regen fast seitlich gegen alles peitscht, was sich ihm in den Weg stellt, sind auf Schiermonnikoog nicht nur die Abende ganz schön lang, sondern auch die Tage. Immer dann sind Einheimische und Gäste gleichermaßen froh, dass das Inseldorf seine gute Stube hat, wo jeder willkommen ist und wo sich nie etwas ändert. Das zumindest hoffen die echten Liebhaber des Hotels van der Werff.

Der tadellos weiß getünchte Bau wurde 1726 mit der Absicht eröffnet, fortan als Rathaus und Gericht zu dienen. Es sollten allerdings 33 Jahre vergehen, bis die Beamten das Domizil bezogen. In der Zwischenzeit bot ein Trakt den Gästen Obdach, die es auf die Insel verschlagen hatte, sodass der Sitz der Richter und Stadtoberen nur »die Herberge« genannt wurde, als er 1759 endlich eingeweiht wurde. In einschlägigen Dokumenten ist verbrieft, dass seinerzeit um die 1000 Liter Branntwein pro Jahr im Salon des Hauses ausgeschenkt wurden. Die Funktion als gesellschaftlicher Mittelpunkt der Insel war somit definiert – eine Verantwortung, der das Hotel bis heute auf recht bescheidene Weise gerecht wird. Denn die »Gelagkamer«, wie die Gästestube genannt wird, ist mit ihren holzverkleideten Wänden und Tischteppichen recht spartanisch ausgestattet. Doch die fein livrierten Kellner haben Stil.

Größtes Zugeständnis an den so weit verbreiteten Luxus im Rest der Welt ist ein Billardtisch. Der Speisesaal strahlt mit seinen Kandelabern und einem Piano eine Nuance mehr Grandezza aus. Und die Zimmer? Die sind behaglich, aber dennoch bescheiden. So wie es sich für ein Hotel gehört, das nie »Grand« sein wollte.

Hotel Van der Werff · Reeweg 2 · 9166 PX Schiermonnikoog
Tel. +31 519 53 12 03 · www.hotelvanderwerff.nl

Gute Stube der Insel: das Hotel Van der Werff auf Schiermonnikoog

02 Das Liebesspiel der lustigen Löffler

Die Weiten des Nationalparks Schiermonnikoog sind unter Zugvögeln ein populärer Ort für Zwischenlandungen. Einigen gefällt es auf dem Eiland sogar so gut, dass sie hier ihren Nachwuchs aufziehen. Das bürgt für einen dicht bevölkerten Luftraum – und für Abwechslung vor dem Fernrohr oder dem Teleobjektiv.

Auf Schiermonnikoog mag sich ein Inseldorf ausbreiten, das knapp 950 Menschen ihre Heimat nennen. Dies aber ändert nichts daran, dass das Eiland als einzige niederländische Nordseeinsel den Status eines Nationalparks genießt. Die meist etwas wortkargen Vertreter der Spezies Homo Sapiens teilen sich das Eiland mit sehr wählerischen Lebewesen. Am östlichen Ende der Insel etwa breitet sich De Balg aus, eine Sandfläche, deren Erscheinungsbild Tag für Tag der Gestaltungskraft von Wellen, Wind und Gezeiten ausgesetzt ist. Hier fühlt sich unter anderem die Islandmuschel wohl, die sonst eher selten im Rampenlicht steht. Die Schalentiere können erstaunliche 500 Jahre alt werden. Vielleicht ist das der Grund, warum der Zentraleuropäer sie im Kochtopf eher verschmäht.

Das Gros der Aufmerksamkeit aber geht an andere Tiere, denn die gut 16 mal 4 Kilometer große und nur sporadisch asphaltierte Landebahn des Flughafens Schiermonnikoog ist ein bevorzugtes Anflugziel von Zugvögeln. Einigen gefällt es hier so gut, dass sie die ganzen Sommermonate hier verbringen: So brüten bis zu 200 Paare lustig aussehender Löffler in den von Gewässern durchzogenen Dünenlandschaften. Doch auch Knutt, Haubentaucher, Basstölpel und der Große Brachvogel gehören zu den Stammgästen.

Anders als auf den Nachbarinseln sind die sensiblen Biotope auf Schiermonnikoog nicht eingezäunt. So obliegt jedem Einzelnen die Verantwortung, die Bewohner nicht zu stören. Diskretion gestattet eine Vogelbeobachtungshütte am größten Binnensee der Insel, dem Westerplas. Wer Hilfestellung bei der Suche nach den Tieren und ihrer anschließenden Identifizierung benötigt, kann sich an das örtliche Tourismusbüro VVV wenden, das Erkundungstouren unter Begleitung eines Ornithologen anbietet.

VVV Schiermonnikoog · Reeweg 5 · www.vvvschiermonnikoog.nl
Termine auf der Webseite · Tickets 8/5 Euro

Der Mensch lässt auf Schiermonnikoog der Natur den Vortritt.

Seit 1824 gibt es das von Pferden gezogene Rettungsboot auf Ameland.
Heute ist das Zuwasserlassen der »Abraham Fock« ein Spektakel für Touristen.

Riskante Rettungsmission mit Hilfe von Vierbeinern

03

Mehr noch als die Bewohner der Wattenmeerinseln waren Schiffsbesatzungen bei rauer See auf sich alleine gestellt. Auf Ameland hat sich trotz widriger Bedingungen ein System zur Rettung von Seeleuten etabliert, das für alle Beteiligten voller Risiken war – und das heute zum Kulturgut der Insel zählt.

Heute mag Ameland wie ein Freizeitpark für erholungsbedürftige Städter wirken. Das harte Leben vergangener Zeiten scheint vergessen. Dabei war der Schutz vor der launischen Nordsee schon immer eine Herausforderung. An Land, aber vor allem auf dem Meer, wo mit steigendem Schiffsverkehr regelmäßig Seeleute in Not gerieten. Anfangs erlaubte es der Zeitgeist noch, solche Schiffe in erster Linie als Quelle unverhofft gestrandeter Waren zu betrachten. Doch 1824 haben die Ameländer dauerhaft ein Schiff zur Rettung von Seeleuten in Betrieb genommen.

Das war nicht ganz einfach, denn Häfen besaß das Eiland nur auf seiner Südseite, die infolge des Gezeitenwechsels zwei Mal am Tag ohne Wasser auskommen musste. Also wurden die Ameländer erfinderisch: Sie stationierten ein Rettungsboot hinter den Dünen in Hollum, wo es geschützt war vor den Fluten, aber doch nah genug am Wasser, um mit der vereinten Kraft von zehn Pferden auf einem Wagen über den Sand ins Meer gezogen werden zu können.

Dieser Mechanismus hat sich bewährt und er wurde auch in Zeiten der motorisierten Schifffahrt weiter gepflegt. Am 14. August 1979 aber kam es zu einer schrecklichen Tragödie: Die Pferde sind mit zu viel Tempo ins Meer getrabt. Zwar löste sich das Rettungsschiff in gewohnter Manier, doch die Vierbeiner konnten nicht aus eigener Kraft umkehren und sind mit dem Wagen im Meer untergegangen.

Heute sind Hafen und Fahrrinne tief genug für den Einsatz von Booten auch bei Ebbe. Zur Flotte gehören außerdem leichte Gummirettungsboote. Die ehrwürdige »Abraham Fock« aber wird noch immer 13 Mal pro Jahr von Pferden ins Wasser gezogen vor den Augen Tausender Touristen.

Maritiem Centrum »Abraham Fock« · Oranjeweg 18 · Hollum · www.vvvameland.nl
13 Termine pro Jahr auf der Webseite

04

Die Rückkehr der Räuber

Die Meeresenge zwischen Ameland und Terschelling ist nur wenige Kilometer breit, doch sie birgt einige Überraschungen. Zwischen den beiden Inseln bauen sich selbst bei Flut ein paar Sandbänke auf, die ziemlich dicht bewohnt sind: von Seehunden – und neuerdings auch wieder verstärkt von Kegelrobben.

Trotz ihres lieben Gesichtsausdrucks darf nichts darüber hinwegtäuschen, dass die Kegelrobbe das größte freilebende Raubtier in den Anrainerstaaten der Nordsee ist. Das hat sie beinahe um ihren Fortbestand gebracht, denn mit Raubtieren hat es der Mensch generell nicht so. Auch im Falle der Kegelrobbe war das nicht anders, doch bei ihr kam erschwerend hinzu, dass ein erwachsenes Tier locker zehn Kilo Fisch pro Tag verputzt. Deutlich zu viel aus Sicht der Fischer, bis Mitte des 20. Jahrhunderts rotteten sie die Tiere fast vollständig aus. Nur an entlegenen Inselküsten Großbritanniens konnten sich die Kegelrobben halten.

Mittlerweile hat sich die Population wieder ein bisschen erholt: Gut 5000 Tiere sind im Wattenmeer zuhause, das 2009 als Weltnaturerbe der UNESCO geadelt wurde. Hier patrouilliert die MS Zeehond, die sich mehrmals am Tag mit der gebotenen Vorsicht an das Biotop der Kegelrobben heranpirscht. An Bord erkennen die Passagiere schnell, dass die Tiere anhand ihrer kegelförmigen Kopfform und ihrem größeren Körper leicht von Seehunden zu unterscheiden sind. Auch staunen sie darüber, dass die bis zu 330 Kilo schweren Räuber die Gesellschaft von Seehunden dulden.

Austernfischer, Kormorane und Möwen hingegen stellen sich in sicherer Entfernung gegen den Wind auf. Womöglich haben sie einfach keine Lust auf den intensiven Geruch ihrer Mitbewohner. Die Fahrgäste indes kümmert dieser wenig: Sie können nicht genug bekommen von den Meeressäugern. Sei es, wenn sie sich zwecks eines Tauchgangs etwas umständlich in Richtung Meer bewegen, oder wenn sie im Anschluss an einen Tauchgang den Kopf aus dem Wasser strecken – ganz so, als gelte es eine völlig unbekannte Umgebung in Augenschein zu nehmen.

MS Zeehond · Tel. +31 519 55 46 00 · www.robbentochten.com
tgl. Abfahrten zu unterschiedlichen Uhrzeiten · 14,50/9 Euro

Sehen possierlich aus, sind aber Raubtiere: Kegelrobben im Wattenmeer.

In der Windmühle »De Verwachting« gibt es regionale Erzeugnisse wie etwa Senf.

05

Eine Senfmühle mit Windantrieb

Die Niederlande sind das Land der Windmühlen. Obwohl die Dienste der nationalen Kulturschätze nicht mehr unbedingt benötigt werden, nimmt man sie noch immer so oft wie möglich in Betrieb. Schließlich sollen die architektonischen Aushängeschilder der Nachwelt funktionsfähig erhalten bleiben.

Hobbyfotografen und Hobbyfußballer sind weit verbreitet in der Welt. Auf Ameland aber kommt eine menschliche Subspezies vor, die sonst eher Seltenheitswert besitzt: der Hobbymüller. Ein Klübchen von gut einem Dutzend Männern und Frauen trifft sich in wechselnder Besetzung in der Windmühle »De Verwachting« um eines jener regionalen Produkte herzustellen, die in Zeiten des immer weiter um sich greifenden Tourismus so gefragt sind. Im Falle der Wattenmeerinsel handelt es sich dabei um Senf.

Oft sind diese Souvenirs reine Lizenzen zum Gelddrucken, deren Erfinder irgendwo etwas herstellen lassen, um das Ergebnis dann mit dem Namen des betreffenden Ortes auszuweisen. Das aber ist hier nicht der Fall, denn die Senfsamen wachsen tatsächlich auf dem Eiland. Somit ist der »Amelander Mosterd« ein unverfälscht regionales Produkt. Von Honig über Pfeffer bis hin zu Cranberries ist der Senf inzwischen in 13 unterschiedlichen Geschmacksrichtungen erhältlich. Zu den exotischeren Sorten gehören Boxhornklee und Piri Piri, eine portugiesische Chilisorte.

Die Windmühle selbst übrigens ist über 100 Jahre alt. An ihrem jetzigen Standort in Hollum aber thront sie nach einer Umplatzierung erst seit 1988. Es handelt sich um ein auffällig hohes Exemplar, das auf einem achteckigen Sockel steht. Hier lassen sich die Müller bei der Produktion des Senfes bereitwillig über die Schulter schauen. Rein historisch betrachtet aber genießt die heutige Ware eher eine untergeordnete Rolle – und so gibt es im mühleneigenen Geschäft auch noch eine Reihe anderer Erzeugnisse, die eher mit einer Windmühle in Verbindung gebracht werden: Mehl für köstliches Brot und leckere Pfannkuchen etwa.

Mühle De Verwachting · Molenweg 6 · 9161 AW Hollum
Tel. +31 519 54 27 37 · www.amelandermusea.nl
geöffnet Di–Sa, im Sommer auch Mo, meist 10–17 Uhr · Eintritt 3,25 Euro

Sternstunden im »Dark Sky Park« auf der Insel Terschelling.

06

Ein paar Stunden unter der Milchstraße

Der Osten Terschellings ist in der ersten Hälfte des 20. Jh. durch den Bau eines Deiches um ein gutes Stück gewachsen. Das Land wurde sogleich unter Schutz gestellt. Heute ist es als eine der dunkelsten Regionen Europas klassifiziert – mit fantastischen Möglichkeiten zur Beobachtung von Sternen.

Das Festland ist in sicherer Entfernung. Von der See her weht eine Brise stetig frischer Luft heran – und mit Oosterend besitzt das nächstgelegene Dorf nur 120 Einwohner. Perfekte Bedingungen für ein Phänomen, das durch den Mensch immer seltener geworden ist: Dunkelheit. Der entlegene Boschplaat, wie der Osten Terschellings genannt wird, aber bildet eine Ausnahme. Und diese wurde 2015 mit dem Prädikat eines »Dark Sky Parks« ausgezeichnet.

Einen wolkenlosen Himmel vorausgesetzt, bedeutet das in erster Instanz, dass Menschen hier einen erstklassigen Blick in die Tiefen des Weltalls haben: Auf Sternbilder von Andromeda bis Zentaur, auf Sternschnuppen und oftmals selbst auf die Milchstraße. An ausgesuchten Tagen ist sogar ein Phänomen zu beobachten, für das Touristen sonst bis nach Finnland oder Island reisen: das Nordlicht. Das bloße Auge (und gegebenenfalls ein Fernglas) reicht völlig aus, um in den Genuss des Anblicks zu gelangen.

Im Prinzip kann jeder Besucher also völlig kostenlos einen ungewöhnlich intensiven Blick auf die Sterne werfen. Dabei gilt es zu beachten, dass die Niederländische Naturschutzbehörde Teile des etwa zehn mal fünf Kilometer großen Naturreservats während der Brutzeit der Vögel (15. März bis 15. August) für die Öffentlichkeit gesperrt.

Die Organisation allerdings bietet auch nächtliche Führungen durch den Boschplaat. Das geschieht mehrmals monatlich, wenn der Mond kein Licht abwirft und die Konstellation der Sterne besonders vielversprechend ist. Anmeldungen werden auf der Homepage entgegengenommen. Weitere interessante Fakten stehen auf der Webseite www.darkskyterschelling.nl, die von den Besitzern des Ferienparks Tjermelân betrieben wird. Sie waren es auch, die die Initiative für einen Dark Sky Park ergriffen hatten.

VVV Terschelling · Willem Barentszkade 19a · 8881 BC Terschelling West
Tel. +31 562 44 30 00 · Termine und Buchung auf www.vvvterschelling.nl

07 Der Bruce Springsteen von Terschelling

Als junger Mann möchte Hessel unbedingt weg von Terschelling. Notfalls würde er auch als Holzfäller sein Geld verdienen. Doch dank der Intervention seines Vaters – und seines Talentes – kam es anders: So wurde der Sohn zum bekanntesten Botschafter seiner Heimatinsel.

Im Alter von 16 Jahren wurde Hessel van der Kooij so etwas wie der Geschäftsführer der Kneipe »De Groene Weide«. Das war 1972. Streng genommen hatte sein Vater das Etablissement übernommen. Als er während einer Party davon gehört hatte, dass die Bar zu verkaufen war, griff er ohne Zögern zu. Damit wollte er verhindern, dass der Sohn seinen Plan realisierte, nach Kanada auszuwandern.

Der Senior allerdings hatte keinerlei Ambitionen, die Gäste zu bewirten, das überließ er seinem Sohn. Er selbst spielte den lieben, langen Tag Pool-Billard. Der junge Hessel aber hatte weiterhin seine Träume: wenn er schon nicht auswandern konnte, so wollte er wenigstens die Musik Nordamerikas nach Terschelling bringen. Also begann er damit, in seinem eigenen Lokal Gitarre zu spielen und zu singen.

Den Gästen gefiel, was sie hörten. Je mehr Leute kamen, umso häufiger trat Hessel auf, wobei sich eigene Kompositionen mit Cover-Versionen abwechselten. Mehr als ein Jahrzehnt lang ging das so weiter, ohne dass der Rest der Welt davon Kenntnis genommen hätte. Bis Hessel 1985 einen Song mit dem Titel »Terug naar Terschelling« aufnahm. Sinngemäß erzählt er darin, kürzlich bei Springsteen Gitarrenunterricht genommen zu haben, woraufhin ihn der »Boss« gebeten habe, Mitglied seiner Band zu werden. Ein Angebot, dass Hessel ausschlagen musste – denn er wollte ja: zurück nach Terschelling.

Seitdem ist Hessel in den ganzen Niederlanden als »Springsteen von Terschelling« bekannt, seine Kneipe wurde zur Pilgerstätte. Im Jahr 2018 feierte der Musiker seinen 30 000. Auftritt – und das nicht etwa in heimischen Gefilden, sondern im Ziggo Dome zu Amsterdam, der wichtigsten Konzerthalle des Landes. Vor 10 000 Fans!

Café-Restaurant De Groene Weide · Dorpsstraat 81 · Terschelling-Hoorn · Tel. +31 562 44 84 59
Auftritte an ca. 260 Abenden im Jahr, www.hessel.nl

Hessel van der Kooij, der »Bruce Springsteen von Terschelling«.

08 Rotes Gold aus Amerika

Auf Terschelling gedeiht eine Beere, die dort eigentlich nicht beheimatet ist. Wie sie dort Fuß gefasst hat, konnte bislang nicht wissenschaftlich ermittelt werden. Fest steht indes, dass sich das Gewächs vorzüglich zu Produkten verarbeiten lässt, die Inselbesucher gerne als Andenken mit nach Hause nehmen.

Manche Geschichten sind einfach zu schön, um nicht wahr zu sein. Im Herbst 1845 etwa will ein Strandgutsammler auf Terschelling ein nicht identifizierbares Fass sichergestellt haben, in dem er eine alkoholhaltige Flüssigkeit wähnte. Bei näherer Untersuchung aber schienen sich in dem Behältnis lediglich rötliche Früchte zu befinden, die dem Finder wenig behagten. Achtlos entleerte er das Fass in den Dünen.

Mehrere Jahrzehnte sollte es nun unbemerkt bleiben, dass in dem sandigen Boden jene Frucht ideale Lebensbedingungen vorgefunden hat, die in den USA als Kompott zu jedem Truthahn gereicht wird: die Cranberry. Erst 1868 wunderte sich ein Botaniker über die ortsfremde Spezies, für deren Herkunft umgehend eine Erklärung herbeigedichtet wurde. Ob die Legende der Wahrheit entspricht, darf bezweifelt werden. Als wahrscheinlicher gilt die Variante, dass skandinavischen Seefahrern eine Ladung über Bord gegangen ist.

Den Bewohnern der kargen Nordseeinsel ist das relativ egal. Sie freuen sich über eine vielseitig verwendbare Frucht, die für manchen den Status »roten Goldes« besitzt. Joop van Urk etwa macht aus der Cranberry einen Likör und einen Kräuterschnaps. Wer lieber einen Brotaufstrich mag, kann bei ihm Marmelade und Kompott (mit weniger Zucker) auf Basis der Frucht erwerben. Tee, Senf, Saft und Sirup vervollständigen die Produktpalette.

Das aber ist noch nicht alles: So wussten die Skandinavier, die mutmaßlich für den Import der Beere verantwortlich sind, bereits im 17. Jahrhundert von der medizinischen Wirkung der Cranberry. Von den indigenen Völkern Nordamerikas haben sie gelernt, dass die Früchte eine desinfizierende Wirkung besitzen und dass ihre Schalen der Austrocknung der Haut vorbeugen. Grund genug für van Urk, auch Kosmetikprodukte anzubieten.

Terschellinger Cranberry Lekkernijwinkel · Mersakkersweg 55 · 8894 KX Formerum
Tel. +31 562 44 88 00 · www.terschellingercranberry.nl · Mo–Sa 13.30–16.30 Uhr

Bewohner von Terschelling lieben ihre Cranberries geheimnisvoller Herkunft.

Mit dem »Vliehors Expres« auf Expedition durch die Sahara des Nordens

Expedition durch die Sahara des Nordens

09

Der Westen Vlielands wird von Lokalpatrioten nicht ohne Stolz als größte zusammenhängende Sandfläche Europas bezeichnet. Unabhängig davon, ob der Superlativ auch der Wahrheit entspricht, können die natürlichen Vorzüge des Vliehors nur unter gewissen Einschränkungen erkundet werden.

Von allen Westfriesischen Inseln ist Vlieland am weitesten vom Festland entfernt. Ursprünglich befand sich die größte Siedlung im gleichnamigen Dorf West-Vlieland, doch das ist ab dem 17. Jahrhundert durch geänderte Strömungen im Meer versunken. Noch im 20. Jahrhundert hat die niederländische Regierung mit dem Gedanken geliebäugelt, die Insel ganz aufzugeben. Anstelle das Eiland der gierigen Nordsee zu überlassen, hat sich Den Haag Vlieland als offiziellen Truppenübungsplatz der Luftwaffe zunutze gemacht.

Bis heute erfüllt der Westen der Insel diese Aufgabe zumindest so sporadisch, dass immer mal wieder Düsenjäger über die Insel donnern (und damit natürlich über die ganze Region). Allerdings wurde die Militärpräsenz deutlich zurückgefahren – und so ist der Vliehors heute von Freitagnachmittag bis Montagfrüh für Touristen zugänglich. Wer sich am Strand immer weiter in Richtung Westen vorarbeitet, stößt auf ein paar Schilder, die auf die militärische Teilzeitverwendung hinweisen. Dahinter befindet sich vor allem eines: jede Menge Sand.

Obwohl er sein Gesicht durch das tägliche Spiel von Ebbe und Flut regelmäßig ändert, gilt der Vliehors mit 21 Quadratkilometer als größte zusammenhängende Sandfläche Europas. Seine Ausmaße sind so erheblich, dass Freunde der Lyrik ihn wahrhaftig als »Sahara des Nordens« bezeichnen. Im Sand ruhen die Ruinen einiger Panzer, am äußersten Westende erhebt sich eine Hütte, die im Notfall Gestrandeten Obdach bietet. Ein herrliches Revier für eine skurrile Wochenendwanderung, aber auch während der Woche existiert in aller Regel eine Möglichkeit zur Erkundung: Der Vliehors-Express, ein kettenbetriebenes Amphibienfahrzeug, dessen Fahrer im Falle militärischer Übungen in direktem Kontakt mit den Militärs stehen.

De Vliehors Expres · Middenweg 41 · 8899 BA Vlieland · Tel. +31 6 218 208 42 (Mobilnummer)
www.vliehorsexpres.nl · Tickets 16,50/11 Euro, wechselnde Abfahrtszeiten

Das Posthuys auf Vlieland steht mit dem Restaurant auch Tagesbesuchern offen.
Einst war das heutige Hotel eine Poststation für Seeschiffe.

10

Eilpost per Pferdekutsche

Vlieland wurde früh über eine tägliche Postroute mit der Hauptstadt Amsterdam verbunden. Das strategisch günstig in der Mitte des Eilands gelegene Posthuys spielte dabei eine wichtige Rolle. Heute ist das geschichtsträchtige Haus eine unaufgeregte Unterkunft für Freunde von Ruhe und Einsamkeit.

Im 17. Jahrhundert sind die Niederländer mobil geworden: Die Ostindien-Kompanie ist zu ihren Raubzügen nach Asien aufgebrochen und von den Wattenmeerinseln haben ganze Flotten Kurs auf das Nordmeer genommen, um dort nach Walen zu jagen. Je nach Wind mussten die Schiffe Tage oder Wochen auf ihre Ausfahrt warten, doch die Besatzungen sollten erreichbar bleiben. So kam es, dass eine Pferdekutsche täglich von Amsterdam nach Den Helder gestartet ist. Dort setzte ein Schiff mit den Seebriefen nach Texel über, wo sich das Schauspiel wiederholt hat. Letzte beheizte Station vor der Auslieferung an die Kapitäne war nach gut zwölf Stunden das Posthaus.

Die zunächst wacklige Holzkonstruktion wurde 1836 durch einen soliden Steinbau ersetzt, der bis zur Entlassung des letzten Postillions 1927 seine Dienste tat. Das nunmehr überflüssige Gebäude diente fortan der Landwirtschaft, doch auch deren Ausübung lohnte sich nicht auf dem kargen Eiland. So war das ehrwürdige Haus schließlich dem Verfall ausgesetzt.

Erst Ende der 1980er Jahre, als der Tourismus zunehmend an Bedeutung gewann, haben neue Besitzer ein Café-Restaurant mit einfachen Hotelzimmern eingerichtet. 2013 war die Zeit für den nächsten Schritt gekommen. Seitdem ist das Haus ein komfortables Domizil, auf dessen windgeschützter Terrasse tagsüber die Wanderer und Ausflügler ihre Energievorräte mit Apfelkuchen auffüllen.

Wenn diese am Abend wieder fort sind, schlägt die Stunde der Hotelgäste: Sie können bei völliger Dunkelheit den Nachthimmel beobachten, gegebenenfalls dem Sturm lauschen, alleine im angrenzenden Polder umherschweifen oder die Flugübungen riesiger Starenschwärme beobachten – und dabei vielleicht kurz über die harten Zeiten von anno dazumal nachdenken.

Posthuys Vlieland · Fam. Leonie Hacke · Postweg 4 · 8899 BZ Vlieland
Tel. +31 6 11 20 65 87 (Mobilnummer) · www.posthuysvlieland.nl

11

Mini-Woodstock in den Dünen

Die Nachbarinsel Terschelling mag sich dafür feiern, in Person von Hessel (S. 18) ihre eigene Antwort auf Bruce Springsteen zu besitzen. Im Vergleich zu Vlieland aber ist das nichts, denn die Insel nimmt seit 2009 mit »Into the Great Wide Open« einen festen Platz auf dem internationalen Musikfestivalkalender ein.

In den Dünen sitzen, sich die salzige Meeresluft um die Nase wehen zu lassen und fernab von Verkehrslärm und sonstigem Zivilisationsstress die Auftritte einige der feinsten Bands und Solokünstler des Planeten zu genießen. So ungefähr sah die Vision einer kleinen Gruppe von Musikern und Künstlern aus, als sie die Idee zu einem neuartigen Event hatten. Es sollte in kleinem Rahmen mit maximal 6000 Zuschauern stattfinden, von hoher Qualität sein und strenge Nachhaltigkeitskriterien erfüllen. Zu den eher leisen Zielen gehörte es zudem, den Besuchern immer wieder neue Facetten der vielleicht schönsten aller niederländischen Nordseeinseln zu vermitteln.

Der Erfolg ließ nicht lange auf sich warten. Angelockt von Zugpferden wie der schottischen Independent-Band Belle & Sebastian, den Poppunk-Veteranen von The Undertones oder der New Yorker Dance-Formation Hercules & Love Affair sind die Tickets schon Stunden nach Beginn des Vorverkaufs vergriffen. Auch wenn die Kombination aus Musik, intimem Rahmen und herrlicher Location die eigentliche Attraktion sein mag, so sind sie keineswegs der einzige Grund für die Beliebtheit, denn das nach einem Song von Tom Petty benannte Festival steht auch für ein gepflegtes Rahmenprogramm aus avantgardistischer Kunst, Film und Performance.

Gewiss, auf Vlieland bieten Ferienhäuser und Hotels den nötigen Komfort. Doch fast das gesamte Festivalpublikum kommt auf dem Zeltplatz Stortemelk unter, der mitten in den Dünen einen guten Teil des Nordostens der Insel in Beschlag nimmt. Die Nachfrage ist mittlerweile so groß geworden, dass sich die Organisatoren zu einer Frühlingsausgabe des Festivals entschieden haben. Diese heißt – frei nach einem Song der Undertones – »Here Comes The Summer« und findet Anfang Mai statt.

Into the Great Wide Open · www.intothegreatwideopen.nl · Anfang September
Vorverkauf ab Mitte Januar (schnell handeln, denn das Festival ist binnen Stunden ausverkauft)

»Mini-Woodstock« in den Dünen: das Festival »Into the Great Wide Open«.
Die Mischung aus Naturkulisse und Independent-Konzerten macht den Zauber aus.

Mit Schafswolle zu Wohlbefinden: Woolness statt Wellness

»Skuumkoppe« heißt das Bier, das auf Texel gebraut und ausgeschenkt wird.

12

Woolness statt Wellness

Was thront auf Texel auf jeder Deichkrone? Richtig: eine Schafherde. Die Vierbeiner sind auf der Insel allgegenwärtig, wobei ihre Population die der Menschen deutlich übersteigt. In längst vergangenen Zeiten haben die Bewohner des Eilands dieses Privileg an frostigen Tagen für die Schaffung eines Brauches genutzt: ein wärmendes Bad nicht in Wasser, sondern in frisch geschorener Schafswolle. Diese zuletzt etwas in Vergessenheit geratene Inseltradition hat das Hotel Texel vor ein paar Jahren wiederbelebt, auf die Bedürfnisse des modernen Wellness-Touristen übertragen und mit einem griffigen Namen versehen: Woolness.

Hotel Texel · Postweg 134 · 1795 JS De Cocksdorp · Tel. +31 222 31 12 37
www.hoteltexel.de · 60 Minuten: 60 Euro

13

Das Geheimnis der richtigen Schaumkrone

Die Brandung der Nordsee hinterlässt auf Strand regelmäßig einen weißen Schaum, der auch starkem Wind überraschend lange trotzen kann. Dieses Phänomen hat im Jahr 2002 die noch junge Brauerei »Texels« aufgegriffen. Seitdem hat sich das »Skuumkoppe« zu einer nationalen Erfolgsgeschichte entwickelt. Der Name leitet sich vom lokalen Dialekt für das Wort Schaumkrone ab, die Rezeptur allerdings ist eher vom deutschen Nachbarn inspiriert: Das Skuumkoppe ist ein dunkles Weizen mit einem Alkoholgehalt von sechs Prozent. Es war das erste seiner Art in den Niederlanden. Die Brauerei hat inzwischen auch andere Biere im Programm, die vor Ort zu haben sind.

Texelse Bierbrouwerij · Schilderweg 214 b · 1792 CK Oudeschild · Tel. +31 222 32 03 25
www.texels.nl, Probierstube und Shop Di–Sa 10.30–18 Uhr

Zum Knuddeln: Schafe sind das Wahrzeichen der Insel Texel.

Auf Schmusekurs mit Lämmern

14

Ein Tag auf dem Bauernhof gehört zu den ursprünglichsten Inselerlebnissen. Während der normale Betrieb einfach weiterläuft, hat sich die Schapenboerderij auf den Besuch vor allem junger Gäste eingestellt, die sich in der Nähe des Hauptortes Den Burg einen kaum für möglich gehaltenen Wunsch erfüllen können.

Sie sind bereits um das Jahr 1700 auf der Nordseeinsel heimisch geworden und heute im Vergleich zu den menschlichen Bewohnern deutlich in der Überzahl. Fotogen stolzieren sie auf den Deichkronen des Eilands umher oder sie grasen auf den grünen Wiesen: die Schafe Texels. Aus ihrer Wolle werden wärmende Mützen, Socken und Pullover hergestellt. Und ihr Fleisch ist bei Feinschmeckern sehr gefragt, weil die Weiden des Eilands nicht nur saftig, sondern auch salzig sind. Die Franzosen haben dafür den Begriff »presalé« erfunden: das Lammfleisch aus Texel ist auf natürliche Weise vorgesalzen.

Davon wollen Kinder natürlich nichts wissen, wenn sie die Tiere erblicken. Gut also, dass dieser Bauernhof andere Akzente setzt. Unvergesslich – für Jung und Alt – ist die Erfahrung, ein erst wenige Tage altes Lamm auf dem Arm zu halten. Jeden Tag um 11 und 14 Uhr führt Chef Hans oder einer seiner Mitarbeiter vor, wie das Scheren eines Schafes funktioniert. Und wer mag, kann sich auf dem Hof ansehen, wie man als Viehhalter seine Hunde einsetzt, um die Schafe in Schach zu halten.

Wer das zarte Fleisch probieren möchte, kann dies in der Catharinahoeve tun, (www.catharinahoeve-texel.nl), wo es Pfannkuchen mit Lammfleisch und Texeler Käse gibt.

Auf dem Traditionshof leben insgesamt 25 verschiedene Schafrassen, darunter natürlich auch die heimischen Texeler. Darüber hinaus haben hier Hühner, Schweine, Kälber und Ziegen ihr Zuhause. Bei den jungen Besuchern genießen die Ponys besonderes Augenmerk, die natürlich auch für Reitstunden bereitstehen. Erinnerungsfotos auf dem Sitz eines Traktors und ein Picknick mit Leckereien aus dem Hofladen runden den Erlebnisparcours auf dem Bauernhof auf freundliche Weise ab.

Schapenboerderij Texel · Pontweg 77 · 1791 LA Den Burg · Tel. +31 6 44 92 60 46 (Mobilnummer)
www.schapenboerderijtexel.nl · tgl. 10–16 Uhr (Mitte Feb.–Nov) · Eintritt 5/4 Euro

15 Beutezug im Wattenmeer

Ursprünglich galt Frankreich als das Land der Austern. Vor einigen Jahren konnten sich Züchter aus der niederländischen Provinz Zeeland profilieren. Im Wattenmeer allerdings kommen die begehrten Muschelarten sogar in der freien Natur vor. Ein Experte organisiert Expeditionen mit Verkostung.

Die Idee klingt wunderbar: Martin Zeeman nimmt eine kleine Gruppe von Menschen in Empfang. Gemeinsam nehmen sie bei Ebbe Kurs auf das Wattenmeer, um den Lebensraum auf seine Schätze zu untersuchen. Neben dem potthässlichen Wattwurm, Venusmuscheln oder länglichen Schwertmuscheln gerät dabei immer häufiger ein Bewohner ins Visier, der in den Restaurants des Planeten hochgradig begehrt ist: die Pazifische Austern.

Martin Zeeman erkennt die Tiere mit seinem Kennerblick und ermuntert seine Gefolgschaft zum Einsammeln der Austern. Sobald das Minimalsoll erfüllt ist, zückt der »Austernmann aus Texel«, wie er sich selbst nennt, eine unentbehrliche Begleitung zur stilechten Verkostung der Beute: eine Flasche Sekt.

Das fröhliche Wattenmeer-Picknick allerdings ist noch nicht allzu lange möglich, denn bei der Pazifischen Auster handelt es sich um eine invasive Spezies. Anders gesagt: Die Weichtiere gehören nicht zum ursprünglichen Bestand der Tierwelt. Durch die Flucht von den Austernbänken in Zeeland und andernorts hat sich die Auster ausbreiten können. Und weil die heimischen Vögel nicht imstande sind, die harte Schale zu knacken, fehlen ihnen die natürlichen Feinde. Die logische Folge: die Pazifische Auster kann sich ziemlich ungehindert ausbreiten. Dieser Prozess wird durch die infolge des Klimawandels steigenden Wassertemperaturen beschleunigt.

Feinschmecker, die sich an ihrem Wildfang laben, helfen also letztlich bei dem Versuch, eine fortschreitende Plage zu verhindern und die heimischen Arten zu schützen. Das können sie alternativ auch an Bord eines von Pferden gezogenen Planwagens. Der Ausflug dauert dann drei Stunden anstelle von 90 Minuten.

Oesters & Meer · Kogerstraat 29 · 1791 EP Den Burg · Tel 06 12 80 84 95 (mobil)
www.detesselseoesterman.nl · Touren ab 17,50 Euro
die Startzeiten hängen von den Gezeiten ab · Mindestteilnehmerzahl 10

Ein Hochgenuss: Austern erst sammeln und dann genießen.

16

Schlafen in der Zelle: das Hostel Alibi

Als Leeuwarden 2018 Europäische Kulturhauptstadt war, gab dies in der Provinz nur Anlass zu wenigen Neubauten. Der soziale Aspekt stand im Vordergrund des Festjahres. Mit dem Multifunktionsbau »Blockhuispoort« in einem alten Gefängnis hat man Neues geschaffen und zugleich den gemeinschaftlichen Aspekt betont.

Kreative Geister sollten nicht in einer Zelle arbeiten. Und Touristen nicht hinter Gittern schlafen. Oder doch? Im ehemaligen Gefängnis von Leeuwarden, wo von 1877 bis 2007 Schwerverbrecher einsaßen, scheint beides möglich zu sein. Junge Unternehmen, vornehmlich aus den Bereichen Kultur, Freizeit und Tourismus, haben sich nach dem Umbau ab 2014 in dem Backsteinbau niedergelassen. Und das Hostel »Alibi«, das hier ebenfalls angesiedelt ist, erfreute sich während des Kulturhauptstadtjahres 2018 so großer Beliebtheit, dass auch schon mal Gäste abgewiesen werden mussten.

Der ehemalige Zellentrakt des »Blokhuispoort« ist modern eingerichtet, aber die Grundstruktur des Gefängnisses blieb erhalten. Dies – verbunden mit der Lage im Stadtzentrum und dem günstigen Übernachtungspreis (ab 20 Euro im Schlafsaal) – macht den Reiz der Herberge aus. Zur Auswahl stehen eine 17-Personen-Bleibe, Zwei-Personen-Luxus-Zellen mit Boxspring-Betten und eigenem Badezimmer sowie eine Vier-Personen-Zelle, wo sich die ganze Familie »einbuchten« kann.

Dort, wo früher die weiblichen Gefangenen einsaßen, haben die Hostelbetreiber ein gemütliches Wohnzimmer eingerichtet. Hostel-Gäste können sich aber auch in zwei miteinander verbundene Zellen zurückziehen. In der Küche dürfen sich Freizeithäftlinge Gerichte zubereiten. Und wer unbedingt hinter Gittern mit Geschäftspartnern konferieren möchte, findet im »Alibi« auch einen Tagungsraum.

Im Komplex mit dem imposanten Eingangsportal hat sich auch das Restaurant »Proefverlof« mit moderner Küche einen Namen gemacht. Dabei handelt es sich um ein Wortspiel: »Proefverlof« heißt »Auf Bewährung«, zugleich fordert »proef« auch zum Probieren auf.

Alibi Hostel Leeuwarden · Blokhuisplein 40 · 8911LJ Leeuwarden
Tel. +31 612077449 · www.alibihostel.nl

Nicht jedermanns Sache, aber originell und günstig: Betten im Hostel »Alibi«.
Die hippe Herberge befindet sich im ehemaligen Gefängnis von Leeuwarden.

Technisches Wunderwerk voller Schönheit: das Planetarium von Franeker

Ein Planetarium gegen den Weltuntergang

17

Nichts deutet darauf hin, dass sich hinter einem kleinen Giebelhaus in Franeker das älteste funktionstüchtige Planetarium der Welt befindet. Erschaffen in den Jahren 1774 bis 1781 durch Eise Eisinga (1744–1828), ist es ein technisches Wunderwerk voller Schönheit, das Besuchern die Sprache verschlägt.

Am Anfang stand die Furcht vor der Apokalypse: am 8. Mai 1774 sollten Merkur, Venus, Mars, Jupiter und der Mond in einer besonderen Konstellation stehen, die den friesischen Prediger Eelco Alta zu der Prophezeiung veranlasste, dass die Erde aus ihrer Umlaufbahn geworfen und in der Sonne verbrannt werden würde. So stand es zu lesen im »Leeuwarder Courant« vom April 1774. Und man kann sich vorstellen, wie die Menschen reagierten: Panik brach aus, man fürchtete den Weltuntergang.

Nun schlug die Stunde Eise Eisingas, eines einfachen Wollkämmers aus dem Dorf Dronrijp. Schon früh hatte sich der Junge für Astronomie und Mathematik interessiert, war jede Woche nach Franeker gelaufen, wo er bei dem Wollfärber Willem Wijtses unter anderem die Mathematikbücher von Euklid studierte. Als im Mai 1774 Unruhen ausbrachen, weil seine Mitbürger aufgrund des Orakels das Ende der Welt befürchteten, versuchte Eisinga, den »fake news« wissenschaftliche Fakten gegenüber zu stellen – und baute kurzerhand in seinem Wohnzimmer in Franeker ein Modell des Sonnensystems nach. Allerdings vergingen von seiner ersten Idee bis zur Vollendung sieben Jahre. Die Panik war längst vorüber, die Nachbarn gingen wieder ihren Geschäften nach.

Aber Eisinga hatte etwas geschaffen, was noch heute Menschen verzaubert: ein Modell, das seit 1781 haargenau den Umlaufbahnen der sechs damals bekannten Planeten unseres Sonnensystems folgt. Damit ist es das älteste noch funktionierende Planetarium der Welt. Wer heute im kleinen Wohnzimmer der 15-minütigen Einführung lauscht und zur blaugemalten Decke mit den Umlaufbahnen und den sich bewegenden Planeten schaut, kommt aus dem Staunen nicht mehr heraus.

Eise Eisinga Planetarium · Eise Eisingastraat 3 · Franeker · Di–Sa 10–17 Uhr · So 11–17 Uhr, 1. Apr.–31. Okt. auch Mo 11–17 Uhr · www.planetarium-friesland.nl

18

Dutch Design bis Erotik: Keramikmuseum Leeuwarden

Geben wir es zu: manchem von uns wird beim Zweiklang »Keramik« und »Museum« ein zaghaftes Gähnen entfahren. Doch das Ausstellungshaus im Zentrum der Kulturhauptstadt von 2018 hat spannende Exponate zu bieten. Und das Gebäude beherbergte zwei sehr unterschiedliche prominente Bewohner.

Ein nacktes Liebespaar das sich auf einem Minipodest räkelt und ein geblümter Phallus mit Flügeln buhlen um die Aufmerksamkeit der zuweilen leicht errötenden Besucher: beide Porzellanarbeiten waren Exponate der Ausstellung »Sexy Ceramics« im Museum Keramiek Princessehof. Die Ausstellung mit erotischer Keramik war 2017 derart erfolgreich, dass sie kurzerhand verlängert wurde. Sie ist nur ein Beispiel dafür, dass die Kuratoren des Keramikmuseums Princessehof gerne mit dem Staubwedel über das Image ihrer Exponate gehen.

Wechselnde Ausstellungen wie »Tattoos und Keramik«, bei der Tätowierer ihre Kunst mal nicht auf Haut, sondern auf Steingut zelebrieren durften, oder »Made in Holland« mit Beispielen für typisches niederländisches Design zeugen von der Innovationsfreude der Ausstellungsmacher. Darüber hinaus präsentiert das Museum eine ständige Sammlung mit Delfter Blau und Schätzen wie einer Ming-Vase aus der Zeit von 1403–1424 oder einem bunten Keramik-Kopf von Karel Appel (1921–2006).

Das Gebäude im Zentrum Leeuwardens ist schon eine Attraktion für sich: das Museum befindet sich unter anderem im ehemaligen Stadtpalast aus dem 18. Jahrhundert von Maria Louise von Hessen-Kassel, Prinzessin von Oranje-Nassau und damit Vorfahrin des heutigen Königs Willem-Alexander. Das Museum, Ende 2017 nach umfassender Renovierung wiedereröffnet, ist nicht nur in dem Stadtpalast, sondern auch in angrenzenden historischen Gebäuden untergebracht. Und es versteht sich von selbst, dass der Museumsshop Keramik zum Kauf bereithält, die nicht den Erwartungen an klassisches Steingut entspricht. Im September 2019 eröffnet die »Sunken Treasures« Sonderausstellung mit Keramikschätzen aus gesunkenen Schiffen entlang der maritimen Seidenstraße.

Keramiek Museum Princessehof · Grote Kerkstraat 9 · 8911 DZ Leeuwarden
Di–So 11 bis 17 Uhr · Erwachsene 12,50 Euro, Kinder bis 17 Eintritt frei · www.princessehof.nl

Das Keramikmuseum befindet sich im ehemaligen Stadtpalast von Leeuwarden.

19

Friesen-Sport: Kaatsen, Fierljeppen, Skûtsjesilen

Die Friesen sind ein eigentümliches Völkchen. Haben ihre eigenen Traditionen, ihre eigene Sprache. Und ihre eigenen Sportarten. Den Rest des Landes haben sie durch die »Elfstädte-Tour« zum massenhaften Eislaufen verführt. Im Sommer praktizieren sie Fierljeppen, Kaatsen und Skûtsjesilen.

Steht ein Bauer an der Gracht und kommt nicht drüber. Was klingt wie ein friesischer Witz, beschreibt in Wahrheit die Entstehung des Sportes »Fierljeppen«. Einst nutzten Landwirte lange Stäbe, um von Weide zu Weide über die Wassergräben zu springen. Heute klettert der Springer den Stab bis zu zehn Meter hoch, während die Stange über dem Wasser schwankt, um dann 20 Meter weiter auf der anderen Seite zu landen. Von der Kraftexplosion im Vorfeld, dem schnellen Aufstieg an dem Stab, der richtigen Wendezeit und einer guten Landung: Eine perfekte Ausführung ist sehr schwierig – und ein beeindruckendes Schauspiel. Die Wettkämpfe finden von Mai bis Ende August in ganz Friesland statt.

Auch das Kaatsen ist ein jahrhundertealter Sport, der in den Niederlanden seit dem Mittelalter ausgeübt wird, heute aber fast nur noch in Friesland praktiziert wird. Beim »friesischen Handball« treten zwei Teams mit jeweils drei Spielern gegeneinander an. Ziel ist es, den Ball zu fangen und zurückzuschlagen. Der wichtigste Wettkampf ist das »PC« in Franeker, das am fünften Mittwoch nach dem 30. Juni stattfindet und bei dem sich die 48 besten Spieler in 16 Teams messen. Die Historie der Sportart erzählt das Kaatsmuseum in Franeker.

Das Skûtsjesilen geht ebenfalls auf eine alte Tradition zurück: Mit Plattbodenschiffen, die auch in seichten Gewässern fahren konnten, beförderte man Ladung von und zu den Bauernhöfen. Daraus entwickelte sich ein Segelwettstreit, der nunmehr jedes Jahr in den friesischen Sommerferien ausgetragen wird. 14 Skûtsjes messen sich in elf Wettkämpfen um die SKS-Meisterschaft. Der Wettbewerb beginnt auf dem Gewässer Pikmeer bei Grou und endet nach 14-tägigem Wettsegeln auf dem Sneeker Meer bei Sneek.

Kaatsmuseum · Voorstraat 76 · 8801 LE Franeker · Apr.–Okt. Di–Sa 13–17 Uhr
Nov.–März Fr. & Sa 13–17 Uhr · www.keatsmuseum.frl

»Fierljeppen« heißt der Sport, der sich aus der Landwirtschaft entwickelt hat.

Erholung pur: Mit der Campingschaluppe durch Friesland fahren.

Mit der Campingschaluppe auf Elfstädtetour

20

Die friesische Elfstädtetour ist legendär: Fast 200 Kilometer gilt es auf Kufen zu absolvieren, dabei passieren die Schlittschuhläufer alle elf Städte Frieslands. Da das Eis auf den Kanälen aber nie mehr dick genug war, fand die letzte Tour 1997 statt. Doch die Niederländer sind erfinderisch...

Der junge Bootsverleiher guckt uns entgeistert an: »Eine Fahrstunde?« Wir nicken ängstlich, während der gut sieben Meter lange Kahn unter unseren Füßen schwankt. Stirnrunzelnd unterrichtet uns der Friese in der elementaren Steuerung. Fünf Minuten, dann springt er gut gelaunt an Land, Tschüss und gute Fahrt.

Wir haben die Campingschaluppe für fünf Tage gemietet, um einen Teil der legendären Elfstädte-Tour zu fahren. Einen Bootsführerschein braucht man in den Niederlanden für kleinere Gefährte nicht. Von Heeg aus tuckern wir los, recht schnell weicht die Panik einer gewissen Euphorie. Bis wir an einer Brücke den ersten Fauxpas begehen: wir verpassen den Klompen, den uns der Brückenwärter an einer Angel entgegenschleudert. Zwei Wendungen später glückt die Zahlung des Brückengelds. Erst mit Eintritt der Dämmerung fahren wir in den Hafen von Koudum ein und – Überraschung! – fast alle Anlegestellen sind belegt. Nach dem nervenzehrenden Anlegemanöver zwischen zwei Yachten haben wir es endlich geschafft: unsere erste Nacht auf dem Bötchen lockt, auf einer erstaunlich bequemen Matratze, mit den Füßen im Bug.

In Friesland gibt es über 3 500 Marrekrite-Anlegeplätze mitten in der Natur. Hier darf man maximal drei Tagen kostenlos ankern. www.marrekrite.frl

Vom nächsten Morgen an läuft unsere Tour ohne größere Vorkommnisse. Und wir beginnen, die Fahrt zu genießen: Es duftet nach Landluft, Windmühlen ziehen vorbei, Höfe mit eigenem Steg, Kühe, Schafe – Entschleunigung pur. Nachmittags legen wir in mittelalterlichen Städtchen wie Franeker und Sneek an, bummeln noch ein wenig und legen uns dann in die Koje. Wer braucht schon eine Fahrstunde!

Bootscharter Ottenhome · It Butlan 2 · 8621 DV Heeg · Tel. +31 515 44 28 98
www.ottenhomeheeg.de

21 Die Fontänen eines gestrandeten Pottwals

Die enge Verbindung Frieslands zum Wasser darzustellen – das war das Ziel des Kulturhauptstadt-Projektes 2018 »11 Fountains«. Elf Springbrunnen von internationalen Künstlern dauerhaft in den elf Städten zu etablieren. Nicht jeder Friese war begeistert von den Kunstobjekten im öffentlichen Raum.

Haaaaaaa! Mit einem diabolischen Schrei springt Johan Creten von einer überdimensionalen Fledermaus, aus deren Maul Wasser fließt. Der ungewöhnliche Springbrunnen ist sein Werk, und der belgische Künstler genießt die staunenden Gesichter und das Gelächter. Die vielfältige Symbolik der geflügelten Säugetiere hatte Creten im Sinn, als der Bildhauer gebeten wurde, in dem Städtchen Bolsward einen der elf Springbrunnen für die Europäische Kulturhauptstadt Leeuwarden-Friesland zu gestalten. Und er sah eine Verbindung zur abgebrannten und wieder neu belebten Kirche Bolswards. »Es gab anfangs Einwohner, die der Idee ablehnend gegenüberstanden«, räumt Creten ein. Aber inzwischen haben sich die Bolswarder mit dem Springbrunnen angefreundet.

So hört man es von den meisten der wasserspeienden Objekte, die 2018 von Künstlern aus aller Welt geschaffen wurden. Zunächst gab es viel Kritik, zumal sich die Bürger – die ja dauerhaft mit den Fontänen leben müssen – zu wenig eingebunden fühlten. Und: Kein einziger Friese ist unter den Künstlern, bemerkten die stolzen Einwohner der Provinz verschnupft. Aber inzwischen lebt man wohl ganz gut mit den Fontänen – und erfreut sich an den Touristen, die zu den Springbrunnen in die elf Städte reisen.

Da wäre etwa ein lebensechter Pottwal im Hafenbecken von Harlingen, der regelmäßig Fontänen ausstößt; oder das symbolträchtige, rotierende »Füllhorn« des berühmten deutschen Bildhauers Stephan Balkenhol in Sneek. Der wohl bedeutendste Springbrunnen bildet nunmehr das Eingangstor zur friesischen Hauptstadt Leeuwarden: »Love«, heißt das Kunstwerk von Jaume Plensa, es sind zwei sieben Meter hohe Köpfe eines Jungen und eines Mädchens, die sich anblicken und von zartem Nebel umwölkt sind.

elf Fountains · verschiedene Standorte in den elf friesischen Städten
www.2018.nl/11fountains

Der Amerikaner Mark Dion schuf den Fischbrunnen von Stavoren.
»Love« ist der Titel des Brunnens von Jaume Plensa in Leeuwarden.

Sorgsam instandgehalten wird das Wouda-Pumpwerk in Lemmer.

Das Wouda-Pumpwerk in Lemmer

22

Es ist ein magischer Moment, wenn einmal pro Woche im Backsteingebäude im friesischen Lemmer die Pumpen angeworfen werden: dann breitet sich aus dem 60 Meter hohen Schornstein Nebel aus und zieht über die Landschaft mit grünen Wiesen und dem Wasser des Ijselmeeres.

Das D.F. Wouda-Pumpwerk wurde 1920 erbaut, mit dem Ziel, Wasser aus Friesland herauszupumpen und die Gegend so vor Überflutungen zu schützen. Bis dahin nämlich standen große Teile der Provinz im Winter regelmäßig unter Wasser. Geschaffen wurde das einzige dampfbetriebene Pumpwerk der Welt im Baustil der »Amsterdamer Schule«. Und obwohl längst moderne Pumpen für trockene Füße der Friesen sorgen, wird das Wouda-Pumpwerk bis heute regelmäßig in Betrieb genommen und Besuchern vorgeführt. Zum Einsatz kommt es auch, wenn es besonders viel regnet oder stürmt, um das friesische Sole-Wasser in Schach zu halten.

Seit 1998 steht das Pumpwerk auf der UNESCO-Weltkulturerbe-Liste – eine von zehn Welterbestätten in den Niederlanden, worunter sich beispielsweise der Grachtengürtel von Amsterdam befindet. Der Grund, weshalb auch das Woudgemaal Eingang in die Liste fand, ist vor allem darin zu sehen, dass die alte Technik noch funktioniert und die Pumpen tatsächlich immer wieder eingesetzt werden. Die Termine werden jeweils auf der Internetseite bekanntgeben. Wer sichergehen will nichts zu verpassen, kann sich auch beim Newsletter (ebenfalls über die Internetseite) anmelden und wird dann per Email benachrichtigt.

An das alte Backsteingebäude ist ein neues Besucherzentrum angeschlossen. Es verfügt über diverse Einrichtungen, in denen sich Besucher über die Funktionsweise der Dampfpumpstation und das Wassermanagement in der Provinz Friesland informieren können. So gibt es einen interaktiven Ausstellungsraum, ein 3-D-Kino, einen Panoramaraum und einen Museumsladen. Kinder erwartet unter anderem eine Schnitzeljagd, bei der sie spielerisch über die Funktionsweise und Geschichte des Pumpwerks informiert werden.

Woudagemaal · Gemaalweg 1a · 8531 PS Lemmer · Tel. +31 514 56 18 14 · Di–Sa 10–17 Uhr
So und Feiertags 13–17 Uhr, Juli/August auch Mo 10–17 Uhr · www.woudagemaal.nl

23 Ein Papageienviertel sorgt für Auf- und Anregung

Ein mittelalterliches Prachtexemplar mit alten Giebelhäusern ist der Ort nicht. Das etwa 45 000 Einwohner zählende Drachten wird von nüchterner Nachkriegsarchitektur geprägt. Dennoch lohnt ein Besuch, denn das Städtchen hat zwei Attraktionen zu bieten: das Kunstmuseum »Dr8888« und das »Papageienviertel«.

Die Nachbarn tobten. Als 1921 die Fassaden der neuen Mittelstandswohnungen hinter den Planen zum Vorschein kamen, trauten die Anlieger ihren Augen nicht: Rot! Gelb! Blau! So schrie es ihnen entgegen, statt gedeckter Farben hatte man die Gebäude in den Primärfarben der Kunstbewegung »De Stijl« gestrichen. So groß war der Aufruhr in dem Ort, dass schon ein paar Monate später alles wieder überpinselt wurde. Der Schimpfname »Papageienviertel« aber blieb bestehen.

Direkt um die Ecke vom Museum Dr8888 befindet sich das seit 1999 mit einem Michelin-Stern ausgezeichnete Restaurant »Koriander«. www.dekoriander.nl

»Verbrochen« hatte den Anstrich ein gewisser Theo van Doesburg (1883–1931), heute weltweit bekannt als eines der wichtigsten Mitglieder der Künstlergruppe De Stijl rund um Piet Mondrian. Van Doesburg hatte sich mit dem Drachtener Schumacher und Dichter Evert Rinsema (1880–1958) angefreundet; gemeinsam hatten die beiden den Architekten der Gemeinde, C.R. de Boer, von der unorthodoxen Farbgebung der Gebäude überzeugt. Heute kann man das Papageienviertel bei einem Spaziergang bewundern; seit Jahren wird das Doesburg-Rinsema-Haus auch von Innen aufwendig restauriert. Bis es als Museumswohnung wiedereröffnet wird, können Besucher über eine App eine 3-D-Begehung unternehmen.

Das Papageienviertel und die Museumswohnung sind eng verbunden mit dem Museum Dr8888. Das Ausstellungshaus mit der eigentümlichen Schreibweise verfügt über eine ansehnliche Sammlung moderner Kunst mit Werken u. a. von Theo van Doesburg, dem deutschen Dadaisten Kurt Schwitters und seinem niederländischen Kollegen Thijs Rinsema. Besonders eindrucksvoll: ein Zimmer, ganz im Stil von »De Stijl« gestaltet.

Museum Dr8888 · Museumplein 2 · 9203 DD · Drachten · Tel. +31 512 51 56 47
Di–So 11–17 Uhr · www.museumdrachten.nl

Einst ein Aufreger, ist das »Papageienviertel« heute eine Attraktion.

24 »Lekker« friesisch: von Dumkes bis Oranjekoek

Die Friesen zelebrieren ihre Eigenheiten und eigene Kultur auch durch ihre zahlreichen Spezialitäten. Man kann den Tag mit Zuckerbrot beginnen, mit Gewürznelken-Käse, Anisplätzchen oder Oranje-Törtchen fortfahren und sich zum Abschluss einen Beerenburg genehmigen.

Wenn das nicht Energie für den Tag gibt: auf dem Frühstücksbuffet des Leeuwardener Hotels Post-Plaza lockt das friesische Sûkerbôle, ein schmackhaftes Zuckerbrot, das früher nur zu festlichen Anlässen gereicht wurde. Es enthält bis zu 40 Prozent der süßen Zutat, seinen Geschmack erhält es durch Zimt und zuweilen auch Ingwer. Derart gestärkt, machen wir uns auf zum Stadtbummel.

Wir lassen die Fischbuden links liegen und steuern auf einen der Käsestände zu: Kruidnagelkaas hat man uns als friesisches Schmankerl ans Herz gelegt. Der Käse ist mit Gewürznelken gespickt, was ihm eine besonders pikante Note verleiht.

Bevor wir weitere Produkte probieren, schlendern wir durch die Europäische Kulturhauptstadt von 2018 – mit ihrer sternförmigen Ringgracht und dem das Zentrum durchziehenden Kanal – und gelangen zur Landmarke, dem bedenklich schiefen Turm Oldehove. Beim Auf- und Abstieg haben wir doch bestimmt so viele Kalorien abtrainiert, dass wir uns an weiteren Naschereien laben können!

Nur ein paar Minuten vom Oldehove entfernt, befindet sich das Museum »De Grutterswinkel«. Wir sind vor allem deshalb hier, weil im nostalgischen Laden die friesischen Backwaren »Oranjekoek« (ein Festtagskuchen mit Creme) sowie »Frysk Dúmke« (Anisplätzchen) serviert werden.

Zugegeben: das war alles ziemlich reichhaltig! Wir beenden also die Tour mit einem klärenden Schnäpschen. »Beerenburg« ist ein Kräuterdestillat auf Genever-Basis. Wo könnte man den Verdauungsschnaps besser verkosten als in der Boomsma-Destillerie mit angeschlossenem Museum. Na dann: ein Prost auf Frieslands Leckereien!

Het Beerenburger Museum · Bagijnestraat 42a · Leeuwarden · Mo–Sa 10–17 Uhr, Eintritt inkl. Film, Führung und einem Glas Beerenburger 1,50 Euro · www.boomsma.frl

Prosit mit einem echten friesischen Beerenburg

Das neue Erlebniszentrum auf dem Abschlussdeich steht Touristen offen.
Der 32 Kilometer lange Abschlussdeich wurde ins Meer gebaut.

25

Neues Erlebniszentrum auf dem Abschlussdeich

Der Abschlussdeich ist ein technisches Wunderwerk: 32 Kilometer lang, wurde er ins Meer gebaut und verbindet seit 1932 die niederländischen Provinzen Nordholland und Friesland. Neu ist ein Erlebniszentrum, welches über den Deich, das durch ihn entstandene IJsselmeer und das Wattenmeer informiert.

Wer schon einmal mit dem Auto oder gar mit dem Rad über den Deich gefahren ist, weiß wie eintönig die Strecke sein kann: links und rechts nichts als Wasser, und mancher Radfahrer ist schon am Gegenwind verzweifelt. Seit März 2018 aber gibt es einen neuen Anlaufpunkt, auf den man sich schon während der Fahrt freuen kann: das »Abschlussdeich Erlebniszentrum«. Das moderne Gebäude befindet sich an dem Deich in Kornwerderzand kurz vor dem friesischen Festland und bietet den Besuchern ein Kompletterlebnis in Sachen UNESCO-Weltnaturerbe Wattenmeer.

Interessenten erfahren dort, was es mit dem weltweit einzigartigen, neuen Fischmigrationsfluss im Abschlussdeich auf sich hat. Fische haben hier nun die Möglichkeit, durch den Deich vom Salzwasser der Nordsee ins Süßwasser des IJsselmeers und wieder zurück zu wandern. Auch informiert die neue Einrichtung über die Entstehung des IJsselmeers und natürlich über die Geschichte rund um den Bau des Abschlussdeichs. Wasserbaukunde und diverse neue Projekte, die in den kommenden Jahren am Abschlussdeich realisiert werden, spielen ebenfalls eine Rolle.

An der Stelle, wo der Deich am 28. Mai 1932 geschlossen wurde, steht »Het Monument«: ein Turm, der beste Aussichten auf IJsselmeer und Nordsee bietet.

Ergänzt wird das Informationsangebot durch die (kostenpflichtige) Anwendung »2discover« für Smartphone oder Tablet mit allen Fakten zur Ausstellung. Diese ist so organisiert, dass Besucher durch Scannen von QR-Codes an verschiedenen Stellen Fakten anfordern können. Die App ist auch auf Deutsch erhältlich. Und wer nach so vielen neuen Eindrücken hungrig ist, kann im Restaurant »Skom« Platz nehmen und von dort oder von der Terrasse die Aussicht auf das IJsselmeer genießen.

Afsluitdijk Waddencenter · Afsluitdijk 1c · 8752 TP Kornwerderzand · tägl. 10–18 Uhr, Eintritt frei
www.afsluitdijkwaddencenter.nl

26

Wandern auf dem Kronjuwelen-Pfad

Zugegeben, wir mussten eine Weile rätseln, was denn wohl »Pronkjewailpad« zu bedeuten habe. Erst als wir uns näher mit dem Wanderweg in Groningen beschäftigten, dämmerte uns: hier handelt es sich um einen Erlebnispfad, bei dem es die Prunkstücke der Provinz zu entdecken gilt.

Die Attraktionen der Stadt und des Umlandes miteinander zu verbinden – dies war das Ziel der Initiatoren des Erlebnispfades, der sich auf 250 und 350 Kilometern durch den Norden und Süden Groningens schlängelt. Vom Wattenmeer bis zur Festung Bourtange, von kleinen Dörfchen bis hin zur Hauptstadt der Provinz Groningen. Die neuere Nordroute folgt zuerst dem alten Kanal Boterdiep, führt entlang des Wattenmeers und durch den Nationalpark Lauwersmeer quer durch die Region »Hogeland« mit ihren Weiden, um dann über den wasserreichen »Goldenen Pfad« wieder in die Stadt Groningen zurückzuführen.

Damit das Wandern einen zusätzlichen Kick gibt, sammeln die Pilger mittels einer Stempelkarte unterwegs ihre »Pronkjewails«, die Kronjuwelen der Provinz. Die Stempelkarte ist auch digital als App zum Download erhältlich, allerdings bislang nur auf Niederländisch. Jeweils von April bis Oktober können Wanderer den »Kronjuwelenpfad« begehen und dabei selbstverständlich ihr eigenes Tempo wählen und ihren persönlichen Interessen nachgehen. Wem die vollen 250 Kilometer zu viel sind, der kann natürlich auch ein kürzeres Stück auswählen.

Der Pronkjewailpad vereint Sehenswürdigkeiten, Erzeugerbetriebe und touristische Angebote wie Cafés, Gasthäuser und Herbergen. Alle paar Kilometer gibt es für die Wanderer etwas Besonderes zu erleben, manchmal auch zu schmecken, zu hören, riechen und zu fühlen. So kann man etwa in einer Räucherei Aal verkosten oder in eine der Dutzenden Kirchen gehen, welche die Stiftung »Alte Groninger Kirchen« permanent für Besucher geöffnet hat. Insgesamt beteiligen sich über 150 Betriebe und Einrichtungen, die von Donnerstag bis Sonntag Ausflügler willkommen heißen.

Tourismusbüro VVV Groningen · Grote Markt 29 · Groningen · Tel. +31 50 313 97 41
Mo 12–18, Di–Fr 9.30–18, Sa 10–17, So 12–16 Uhr · www.toerisme.groningen.nl

Auf dem Pronkjewailpad kann man die Prunkstücke der Provinz entdecken.

Höhepunkt nach der Genesung: das Aussetzen der Seehunde im Wattenmeer

Ein Hospital für kranke Seehunde

27

Noch das härteste Herz wird wohl beim Anblick der Knopfaugen weich: im Robbenzentrum in Pieterburen werden die knuddeligen Meeressäuger nach einer Verletzung oder Erkrankung gesund gepflegt und dann wieder im Meer ausgesetzt. Besucher erfahren in der Einrichtung viel über die Tiere und ihren Lebensraum.

Irene war schwer verletzt und lag blutend auf einer Sandbank, als eine Schiffsbesatzung das etwa sechs Monate alte Seehundweibchen am 18. Juni 2018 fand. Zudem hatte sich ein Fischnetz um den Hals verfangen und sie trug einen Peilsender auf dem Rücken. Nachdem das Tier von dem Netz befreit wurde, brachte man sie in das Seehundzentrum von Pieterburen. Untersuchungen und Behandlungen der Wunde folgten. Knapp zwei Monate später ist Irene genesen: am 10. August 2018 bringt Kapitän Anton die junge Seehund-Dame mit dem Schiff »Happy Seal« zur Sandbank Kuipersplaat, wo sie freigelassen wird. Wie ihr weiteres Leben verläuft, werden die Retter leider nicht erfahren: aus gesundheitlichen Gründen musste der Peilsender entfernt werden.

In Pieterburen starten nicht nur die Wattwanderungen (S. 58), sondern hier beginnt auch der längste Fernwanderweg der Niederlande, der Pieterpad.

Happy Ends wie diese gibt es zahlreich im Robbenzentrum in Pieterburen. Rund 80 Tiere werden in der Auffangstation durchschnittlich betreut. Besucher können die Seehunde aus nächster Nähe in den verschiedenen Bassins beobachten und dabei mehr über ihre Pflege erfahren. Es gibt auch regelmäßig Führungen, allerdings muss man sich für eine englisch- oder deutschsprachige Tour vorher anmelden. Seit dem Frühjahr 2018 wurde das Zentrum zudem um einen Wattgarten mit Flora der Groninger Landschaft und einen Spielplatz erweitert, wo die Kleinen nach Lust und Laune im Schlamm matschen können.

Das Seehundzentrum bietet darüber hinaus diverse Aktivitäten an. So kann man sich am Strandsäubern beteiligen oder sich für die beliebten Watttouren anmelden, bei denen die gesundgepflegten Tiere wieder im Meer ausgesetzt werden.

Zeehondencentrum, Hoofdstraat 94a · 9968 AG Pieterburen · tägl. 10–17 Uhr
Erwachsene 9,50 Euro, Kinder 4–12 Jahre 6 Euro · www.zeehondencentrum.nl

28 Safari im Matsch: Wattwanderung in Pieterburen

Eine Wattwanderung gleicht einer Safari: Beim Stapfen durch den Schlamm entdecken die Wanderer diverse Tiere und Pflanzen, die im Watt heimisch sind. Allerdings ist eine Jeep-Exkursion ungleich weniger anstrengend. Und es gilt beim Gang durch das verräterische Terrain einige Regeln zu beachten…

Nein, es ist keine gute Idee, in flachen weißen Turnschuhen ins Watt zu gehen. Dabei ist die Farbe nicht das Problem – den grauen Schmodder kann man ja später auswaschen. Weshalb Wattführer Chris die Dame eindringlich (aber vergeblich) warnt, werden wir erst später erfahren. Jetzt stehen wir erstmal auf dem Deich und blicken über grüne Wiesen, auf denen sich Schäfchen tummeln.

Nach einer Viertelstunde Marsch werden die Wiesen sumpfiger. Hier gedeiht Queller, den uns Chris zur Kostprobe anbietet. Die widerstandfähige Pflanze hat einen festen Biss und schmeckt salzig. Derart mit grünem Futter gestärkt, stapfen wir weiter ins Gezeitenland. Flüsse bilden sich für wenige Stunden, bevor die Flut sie verschluckt. Die Priele können zuweilen hüfttief und von beachtlicher Strömung sein. Unterwegs zeigt der Expeditionsleiter diverse Muschelarten und Pazifische Austern, die in der Nordsee heimisch geworden sind, gräbt einen Wattwurm aus und hält uns eine Garnele unter die Nase.

Als wir schließlich auf einer Sandbank stehen und den Blick übers Meer schweifen lassen, erblicken wir die Insel Borkum. Das etwa 20 Kilometer entfernte Eiland ist aber nur für geübte Wattwanderer erreichbar. Anfängern empfiehlt Chris die geführte Tour zu den leichter zu erreichenden Inseln Schiermonnikoog und Ameland.

Nach gut zwei Stunden beginnen die ersten zu frösteln. Aber das wird sich schnell ändern: Bis zum Knie versinken einige im Matsch und müssen sich mit hochroten Köpfen wieder emporwuchten. Die Dame mit den flachen Turnschuhen versteht nun die anfängliche Warnung: Denn einer ihrer Treter wurde vom Schlamm verschluckt.

Wadlopen Pieterburen · Hoofdstraat 84 · Pieterburen · Tel. +31 595 52 85 58
Termine richten sich nach den Gezeiten · 17,50 Euro · www.wadlopen-pieterburen.nl

Einzigartige Landschaft erleben Wattwanderer in Pieterburen.
Safari im Matsch: passendes Schuhwerk ist essentiell.

29 Stararchitekt schafft stilles Örtchen

Der niederländische Stararchitekt Rem Koolhaas (Jahrgang 1944) hat Museen, Bibliotheken und Wolkenkratzer entworfen. Für die Stadt Groningen kreierte der aus Rotterdam stammende Baumeister ein vergleichsweise kleines Objekt für den öffentlichen Raum.

Beinahe wären wir an dem Pavillon mit dem schrägen, fast schon schwebenden Dach vorbeigelaufen. Denn von Rem Koolhaas ist man ja sonst größere Objekte gewöhnt: die Kunsthalle Rotterdam oder sogar Wolkenkratzer entwarf er für seine Heimatstadt. Da nimmt sich dieses stille Örtchen an der Gracht doch geradezu bescheiden aus. Ja, Sie haben richtig gelesen: der Stararchitekt hat einen exklusiven Lokus geschaffen, eine Design-Latrine, einen Abort.

Das Pissoir war ein gemeinsames, nun ja, »kleines Geschäft« von Koolhaas' mit dem niederländischen Fotografen Erwin Olaf (*1959). Die beiden Künstler entwarfen die öffentliche Toilette für den Veranstaltungsreigen »A Star is Born«, mit der die Groninger 1996 die umfassende Sanierung der Innenstadt feierten. Rund um das Thema »Wasser« fanden damals verschiedene Projekte statt. Bis heute geblieben ist das öffentliche WC-Häuschen, das sich vor allem bei Architekturfreunden großer Beliebtheit erfreut – hier kann man dem Entwurf eines Baumeisters von Weltrang doch wirklich hautnah begegnen.

Das Toilettenhäuschen besteht aus zwei geschwungenen Wänden aus Milchglas, welche die Yin- und Yang-Zeichen der chinesischen Philosophie bilden. Die Löcher in einem über dem Gebäude »schwebenden« Dach sind verglast, so dass Tageslicht einfallen kann. Abends ist die Toilette von innen beleuchtet. Die Milchglaswände ziert eine Fotocollage von Olaf: sie thematisiert mit Männer- und Frauenfiguren den Kampf der Geschlechter. Dementsprechend ist das Pissoir für Herren wie auch für Damen ausgestattet, jeder mit eigenem Eingang. In den Genuss des Toilettenbesuchs kommen kunst- und architekturaffine Gäste allerdings nur in den Sommermonaten – im Winter ist das stille Örtchen wegen Frostgefahr geschlossen.

Öffentliche Toilette · Reitemakersrijge 22 · 9711 HT Groningen
geöffnet im Sommer · www.toerisme.groningen.nl

Die öffentliche Toilette von Rem Koolhaas in Groningen ist ein Schmuckstück.

Weihnachtsmarkt auf dem Wasser: das Festival »Winterwelvaart« in Groningen.

Die Folkingestraat ist eine der schönsten Einkaufsstraßen der Niederlande.

30

Ein Weihnachtsmarkt auf dem Wasser: Winterwelvaart

Wenn festlich geschmückte historische Schiffe an den Grachten Groningens nebeneinander schaukeln, strömen die Besucher in das Zentrum. Es hat sich rumgesprochen, dass hier jedes Jahr Ende Dezember einer der schönsten Adventsmärkte der Niederlande stattfindet: »WinterWelVaart« heißt die Veranstaltung rund um die Grachten Hooge en Lage der A mit ihren jahrhundertealten Lagerhäusern. Sowohl auf den Schiffen als auch an den Ufern werden Waren feilgeboten, es gibt verschiedene Konzerte, Ausstellungen und Aufführungen für jede Altersklasse. Ergänzt wird das Winterfestival durch eine Kunstroute sowie natürlich durch stimmungsvolle Bootstouren.

WinterWelVaart · Hoge en Lage der A · immer am letzten Wochenende vor Weihnachten
Eintritt frei · www.winterwelvaart.nl

31

Die schönste Einkaufsstraße der Niederlande

Einst schafften sich betuchte Herrschaften für ihre Einkaufsbummel Schildkröten an – die Kriechtiere sollten zum Flanieren animieren. Heutzutage ist das Shopping meist eilig und zielgerichtet. Gäbe es da nicht Straßen wie die Folkingestraat in Groningen, die zum Schlendern und Stöbern einladen. Das Angebot reicht von Delikatessenläden aller Art über einen alteingesessenen Sex-Shop, ein Fachgeschäft für handgemachte Brillen bis hin zum Partyzubehör »Confetti«, das ebenso für gute Laune sorgt wie der Coffeeshop »The Clown«. Wir können hier unmöglich alles aufzählen – legen Sie doch den Schildkrötengang ein und bummeln Sie mal wieder gemütlich!

Folkingestraat · zwischen Vismarkt und Zuiderdiep in Groningen
www.folkingestraat.nl

»Kiek over Diek« ist der Name des neuen Radweges in der Provinz Groningen.

32

Blick über den Deichrand

Es hat noch nie geschadet, über den Tellerrand zu schauen. Schon gar nicht ins nahe Nachbarland. Ein neuer Radweg »Kiek over Diek« in der grenznahen Provinz Groningen lädt dazu ein, über den Deich zu gucken – und damit auch im übertragenen Sinne neue Eindrücke zu sammeln.

Die Niederlande sind ein Sehnsuchtsort für jeden Radfahrer. Ein dichtes, bestens ausgeschildertes Netz von gut ausgebauten und meist von der Straße abgetretenen Radwegen im ganzen Land macht es Freunden des Velos leicht, sich auf zwei Rädern fortzubewegen. Und ständig kommen neue Routen hinzu. So etwa der Radweg »Kiek over Diek«, der auf 90 Kilometern dazu einlädt, die Provinz Groningen zu erleben – von Nieuw Statenzijl an der deutschen Grenze bis nach Lauwersoog an der Küste.

Der Name der Route bedeutet »Blick über den Deich« und obwohl sie auch den namengebenden Wasserschutz einbezieht, erleben Radler natürlich viel mehr als nur eine Fahrt auf einem grünen Wall. Die Radtour eröffnet Ausblicke auf das UNESO-Weltnaturerbe Wattenmeer mit den niederländischen Nordseeinseln wie auch auf die Landschaft und Kulturgüter der Provinz Groningen. Die Strecke ist relativ flach und daher in einer Tagestour zu schaffen – es sei denn, es herrscht der berüchtigte Gegenwind. Wenn es nicht mehr weitergeht: entlang der Route finden ermattete Radler Blockhütten, sogenannte TOPs (Rastplätze für Wanderer und Radfahrer) und Campingplätze.

Neben der Hauptroute bietet der Radweg diverse Abzweigungen und Rundwege mit unterschiedlichen Themen. Die Routen »De Bosschuur« etwa starten beim Nationalpark Lauwersmeer, ein Vogelparadies und dem »Dark Sky Park« – hier kann man nachts exzellent Sterne beobachten. Wem das zu einsam ist, der kann auf Routen entlang historischer Hafenstädte radeln und Zoutkamp, Noordpolderzijl, Eemshaven oder Delfzijl entdecken. Ein Teil der Route »Kiek over Diek« überschneidet sich übrigens mit der berühmten deutsch-niederländischen Dollard-Route, bei der es schlappe 350 Kilometer zu bewältigen gilt.

Kiek over Diek · die Strecke ist markiert · Start z. B. beim TOP Bosschuur · Aktivitäten Centrum De Bosschuur · De Rug 1 · 9976 VT Lauwersoog · Tel. +31 519 34 51 45 · www.np-lauwersmeer.nl

33 Glamping in der Zen-Zone

Der Campingplatz De Lakens liegt im Nationalpark Zuid-Kennemerland, mitten im Dünengebiet, nur 100 Meter vom Strand entfernt. Neben Strandurlaubern und Naturliebhabern finden hier auch Wellness-Freunde ein bestens ausgestattetes Terrain vor.

In seinem kölschen Gassenhauer von 1954 singt Karl Berbuer nicht gerade ein Loblied auf das Camping: »Do laachs do dich kapott, dat nennt mr Cämping / do laachs do dich kapott, dat fingk mr schön / wenn em Zelt de Mücke un de Hummele dich verjöcke / un do kanns dann nit erus em Rän.« Der Barde konnte freilich nicht ahnen, dass gut ein halbes Jahrhundert nach seinem Karnevalshit der Begriff »Glamping« in aller Munde sein würde. Auch er müsste sich nicht mehr in einem schnöden Zelt von Mücken piesacken lassen – sondern könnte in einer luxuriösen Yurte nächtigen und bei Regen in die Sauna flüchten.

Auf dem Campingplatz De Lakens am Strand von Bloemendaal hat man das Glamping zur Perfektion getrieben. Ja, es gibt sie noch, die Parzellen, wo man zu einem günstigen Preis sein Zelt aufschlagen kann. Aber darüber hinaus bietet »De Lakens« mannigfaltige Unterkünfte, die nicht mehr viel mit dem Camping früherer Tage gemein haben – außer, dass sie in der Natur gelegen sind. Das Angebot reicht von einem »Backpackshack« (einem zum Hostel umgewandelten Überseecontainer mit Etagenbetten) über Luxuszelte mit Doppelbetten und Küchenblock bis hin zu einem 50er-Jahre-Airstream. Der nostalgische Wohnwagen ist luxuriös ausgestattet, unter anderem mit Doppelbett, Dusche & WC und einer eigenen Sauna.

Ergänzend gibt es ein breites Wellness-Angebot. Rund um den »Wellness-Bus« finden im Sommer täglich Aktivitäten statt, die das Wohlbefinden steigern sollen. So etwa Yogakurse am Meer und Pilates. In der Zen-Zone können gestresste Urlauber ihre seelische Balance wiederfinden. Zusätzlich werden Massagen offeriert. Wer es ganz simpel halten will, wandert durch das Naturschutzgebiet: die klare Seeluft verbunden mit Bewegung – das bedeutet Wellness pur!

Camping de Lakens · Zeeweg 60 · 2051 EC Bloemendaal aan Zee
Tel. +31 23 541 15 70 · www.campingdelakens.de

Auf dem Campingplatz »De Lakens« lässt es sich gut »glampen«.

Architektonische Schätze der »Amsterdamer Schule« in Bergen

Bewohnbare Skulpturen aus Backstein

34

Das Licht zog die Künstler an, die Ruhe und Weite: Um 1900 kamen Maler nach Bergen in Nordholland, unter ihnen Charley Toorop (1891–1955), die ab 1922 in dem Künstlerdorf lebte und den Stil der »Bergener Schule« mitprägte. Auch auf dem Gebiet der Architektur hat der Ort Überraschendes zu bieten.

Heute würden Kunstschöpfer die Ruhe schmerzlich vermissen: gerade in den Sommermonaten ist der 12 000-Seelen-Flecken im Küstenhinterland von Touristen bevölkert, die sich an dem malerischen Ort, den Kunstmärkten sowie am Museum Kranenburgh erfreuen, wo die Werke der »Bergener Schule« zu sehen sind. Deshalb zunächst der Tipp, dass Bergen auch im Herbst und Winter seine Reize hat. Zumal man dann ebenfalls der Kunst frönen kann: Im Oktober etwa steht Bergen immer im Zeichen der »Kunst10daagse«. Zehn Tage lang präsentieren rund 250 Maler, Bildhauer und Fotografen ihre Werke.

Weniger geläufig ist, dass Bergen auch Standort herausragender Architektur der »Amsterdamer Schule« (ab ca. 1913) ist, ein Baustil der klassischen Moderne, auch als »Backsteinexpressionismus« bekannt. Wie kam der kleine Ort bloß zu Bauwerken dieses Metropolen-Trends? Nun, mit den Künstlern waren um die Jahrhundertwende auch die Reichen nach Bergen gekommen. Unter ihnen der Fliesenhersteller Arnold Heystee (1876–1941). Er vergab einen Großauftrag an vier Architekten der Amsterdamer Schule: man möge doch im »Park Meerwijk« 17 Wohnhäuser bauen. Einzige Bedingung: dass sie möglichst viele seiner Fliesen verwenden würden.

Alle Bauwerke wurden in den Jahren 1917–18 umgesetzt, die meisten von ihnen sind noch heute zu bewundern. Ein Spaziergang durch den »Park Meerwijk« entlang der schmucken Backsteinvillen und Grünanlagen ist ein Wandel zurück in jene Zeit, als man noch mit größtem kreativem und finanziellem Aufwand Wohnhäuser konzipierte. Die Villa de Boschkant etwa imitiert mit ihrem Reetdach und der Gesamtgestaltung die umliegende Dünenlandschaft. De Bark, ebenfalls aus Backstein und mit einem Reetdach, hat die Form eines Schiffes.

Park Meerwijk · Route beim Tourismusbüro VVV Bergen · Museum Kranenburgh
Hoflaan 26 · 1861 CR Bergen · Di–So 11–17 Uhr · www.kranenburgh.nl

35 Käsemarkt in Alkmaar: Früh kommen, spät gehen

Die Käsemärkte in den Niederlanden muss man wohl nicht als Geheimtipp verkaufen: Der Publikumsandrang ist gewaltig, und die Märkte selbst sind eine Inszenierung für Touristen. Wir geben drei Tipps, wie der Käsemarkt in Alkmaar dennoch zu einem Genuss wird.

Erstens: Früh Aufstehen! Offiziell beginnt der Käsemarkt von April bis einschließlich September immer freitags um Punkt 10 Uhr. Dem offiziellen Start geht jedoch Arbeit voraus – die man als Zaungast ungestört vom üblichen Marktrubel beobachten kann. Zunächst treffen in aller Herrgottsfrüh die mit Käse beladenen Lkw in der Nähe des Waagplein ein. Dann beginnen so genannte Setzer ab 7 Uhr mit dem Stapeln der Käse. Bis halb zehn müssen alle Käse akkurat geschichtet auf dem Marktplatz liegen. Um 9.30 Uhr erscheinen die Käseträger. Dann hält der »Käsevater« gegen 9.45 Uhr im Waagenhaus eine Ansprache an die Käseträger, informiert sie über den Ablauf, eventuelle Ehrengäste und die Anzahl der Käse auf dem Markt.

Zweitens: Graskaas kaufen! So, wie manche Connaisseure hierzulande dem ersten weißen Spargel entgegenfiebern, so lecken sich niederländische Feinschmecker die Finger nach Graskaas. Dieser junge Käse wird aus der Frühjahrsmilch hergestellt, welche die Kühe nach dem ersten Weidegang nach dem Winter geben. Der »Graskäse« schmeckt tatsächlich nach der Freude über die Freiheit, nach dem frischen Grün, ist mild und würzig zugleich. Auf dem Käsemarkt von Alkmaar wird die Ankunft des ersten Graskäses Anfang Juni mit dem »Graskaasdag« gefeiert. Die erste Ladung wird für einen guten Zweck versteigert.

Drittens: Lange Aufbleiben! Wenn die meisten Tagesbesucher Alkmaars abgezogen sind, entfaltet die über 750 Jahre alte Stadt ihren wahren Zauber. Zumal es im Sommer auch Käsemärkte zu später Stunde gibt: Jeden Dienstagabend im Juli und August können Besucher von 19 bis 21 Uhr am Waagtoren den traditionellen Käsemarkt erleben. Ein stimmungsvolles Erlebnis, das (noch) nicht so viele Touristen anlockt wie die morgendlichen Käsemärkte.

Käsemarkt Alkmaar · Waagplein · April–September freitags 10 Uhr,
Juli & August dienstags 19–21 Uhr · www.kaasmarkt.nl/de

Stimmungsvoll, aber tagsüber trubelig: der Käsemarkt von Alkmaar.

Elektroroller eignen sich perfekt zur Erkundung der Dünenlandschaft.
Statt auf gepflegtem Green spielt man Boerengolf auf dem Acker.

36

Mit dem E-Scooter über die holländischen Berge

Wer meint, dass Radfahren in den vermeintlich flachen Niederlanden nicht anstrengend sei, ist noch nie durch die Dünengebiete geradelt. Oder gegen den Wind. Viele Velo-Verleihe haben ihr Angebot daher schon seit langem ergänzt: neben klassischen »Holland-Rädern« gibt es auch hier E-Bikes – dank einer hohen Dichte an Ladestationen braucht niemand leere Akkus zu fürchten. Touristen können auch Elektroroller mieten und damit durch die Landschaft brausen. Für die umweltfreundlichen Gefährte ist ein Führerschein erforderlich, aber es gibt keine Helmpflicht. Letzter Schrei bei den Fortbewegungsmitteln: »Lopifit«, ein elektrischer Tretroller.

Fahrrad- und Rollervermietung Fred's verhuur · De Fok 10 · 1742 PD Schagen
Tel. +31 224 29 98 74 · www.fredsverhuur.nl

37

Das Green ist ein Acker: Auf zum Bauerngolf!

Das Sympathische an den Niederländern ist ja auch, dass sie sich selbst nicht so ernst nehmen. So haben sie etwa den elitären Golfsport abgewandelt: »Bauerngolf« spielt man statt auf gepflegtem Green auf den stoppeligen Feldern des Landes. Und anstelle eines Golfschlägers trägt man einen Holzstab mit einem Holzschuh umher – und versucht mit diesem Klompen, einen Ball in die Löcher auf der Weide einzulochen. Zahlreiche Landwirte bieten dieses Vergnügen für die ganze Familie an. Auch Unternehmen buchen »Boerengolf« – denn wer schon mal mit seiner Chefin einen verschlagenen Ball aus einem Wassergraben gefischt hat, der funktioniert auch als Team im Büro.

Boerengolf · Bauernhof Manuelhoeve · Schoolstraat 37a · 1719 AT Aartswoud
Tel. +31 229 58 18 91 · 8 Euro pro Person · www.manuelhoeve.nl

38

Schlafen im Welterbe: Fort Resort Beemster

Der erste Besuch der Beemster-Landschaft mag ernüchternd ausfallen. Das hier soll UNESCO-Weltkulturerbe sein? Nichts als platte Landschaft mit schnurgeraden Wassergräben. Um zu verstehen, warum der Beemster auf der Liste der herausragenden Landschaften dieser Erde steht, muss man seine Geschichte kennen...

Bereits vor über 400 Jahren waren die Niederländer Weltmeister im Wassermanagement. Um den See Beemster trockenzulegen und für die Landwirtschaft nutzen zu können, bauten sie in den Jahren von 1607 bis 1612 über 40 Windmühlen. Mithilfe dieser damals hochmodernen Technik legten sie das Land trocken und deichten es ein. Die von Menschen geformte Landschaft mit ihren rasterförmigen Kanälen entspricht den Planungsprinzipien der Klassik und Renaissance. Sie ist noch heute als solche zu erleben und wurde deshalb 1999 zum schützenswerten Weltkulturerbe. Um den Beemster zu erkunden, mietet man sich am besten ein Fahrrad und radelt auf den kurvenlosen Wegen durch die Landschaft. Die Museumsmühle in Schermerhorn steht in einer der Attraktionen der Gegend: Im Ensemble mit anderen Windmühlen können Besucher hier alles über die Geschichte des Beemster-Polders erfahren.

Die bekannte Käserei Cono Kaasmakers (»Beemster Käse«) liegt im Beemster Polder (Rijperweg 20). Der Hofladen ist werktags von 8–16 Uhr, Sa von 8.30–13 Uhr geöffnet.

Mitten in dieser einzigartigen Region liegt das Fort Resort Beemster, ein luxuriöses Wellness-Resort. Die Nobelherberge ist in einer ehemaligen Festung untergebracht. Bei der Umwandlung des alten Forts legte der Besitzer Frank Bart Wert darauf, dass die historische Grundstruktur erhalten bliebe. Das Bauwerk wurde behutsam modernisiert und ist heute nach Angaben der Betreiber ein CO2-neutrales Hotel mit 16 luxuriösen Zimmern und Suiten, zwei Restaurants, Räumen für Meetings und eine offizielle Hochzeits-Location. Das Haus zeichnet sich vor allem durch sein Wellnessangebot aus: darunter verschiedene Bäder sowie eine Panorama-Sauna mit Aussicht auf die Beemster-Landschaft.

Fort Resort Beemster · Nekkerweg 24 · 1461 LC Zuidoostbeemster
Tel. +31 299 68 22 00 · www.fortresortbeemster.nl

Von Menschen geformt: das UNESCO-Weltkulturerbe Beemster-Polder

39 Der Teegarten ’t Einde in Waterland

Die Niederländer sind ausgefuchst: verkaufen die aus der Türkei stammenden Tulpen ebenso als Ur-Holländisch wie die von Belgiern erfundenen Fritten oder das aus China geklaute, äh, entlehnte Delfter Blau. Seit ein paar Jahren haben sie britische Teegärten entdeckt.

Es sind 13,3 Kilometer, die den Amsterdamer Hauptbahnhof vom Teegarten »’t Einde« trennen. Die 13 300 Meter trennen Rollkoffer, Straßenmusikanten, Lautsprecherdurchsagen auf der einen Seite von Ruhe, plätscherndem Wasser und Vogelgezwitscher auf der anderen. Wir wollen an dieser Stelle die Grachtenmetropole nicht schlechtreden. Sie ist eine der schönsten Städte des Planeten. Aber man sehnt sich doch zuweilen an einen Ort der Stille. Nach etwas wie dem Teegarten, der am Rande des Dörfchens Zouderwoude liegt. Sozusagen bildet er »das Ende« der Zivilisation, was ihm seinen Namen gab.

Die kleine Grünfläche hat etwas von »Alice im Wunderland«: bunt gedeckte Tischlein mit zusammengewürfeltem Porzellan stehen unter den Bäumen, Hühner laufen zuweilen zwischen den Gästen umher. Wer einen Tee aus dem großen Sortiment wählt, bekommt zur Bemessung der Ziehzeit eine Sanduhr auf den Tisch gestellt. Auch das Interieur ist farbenfroh gestaltet, so dass auch bei schlechtem Wetter keine Schwermut aufkommt. Auf der Karte stehen neben mannigfaltigen Teesorten hausgemachte Kuchen und herzhafte Leckereien. Am beliebtesten ist der High Tea, der jedoch vorab bestellt werden muss. Das Arrangement für 22,50 Euro besteht aus verschiedenen Kleinigkeiten wie etwa selbstgebackenen Scones und so viel Tee wie man trinken möchte.

Zum Zauber des verspielten Gasthauses gehört auch die Anreise: man sollte unbedingt mit einem Boot anlegen, um das Gesamterlebnis abzurunden. Denn der Teegarten liegt in der Gemeinde »Waterland«, die durchzogen ist von Wasserstraßen und Kanälen. Das macht die Gegend so attraktiv für Bootausflüge: ob mit dem Kanu oder einem umweltfreundlichen, weil elektrischen »Flüsterboot«. Ahhhh, was für eine Ruhe!

Theetuin en theeschenkerij ’t Einde · Dorpsstraat 78 · 1153 PE Zuiderwoude
geöffnet von April–Ende September, nur Sa–So 12–17 Uhr · www.ttuin.nl

Abwarten und Tee trinken: Der Teegarten ’t Einde ist dafür ein guter Ort.

Von der Dampfeisenbahn kann man direkt aufs historische Schiff umsteigen.

40

Pfeifend in die Vergangenheit: die Dampflok Hoorn

Der Trubel am Bahnhof von Hoorn ist jedes Jahr im Sommer enorm: Alle wollen mit der nostalgischen Dampflok fahren. Scheinbar sehnt man sich kollektiv zurück ins Jahr 1966, als der letzte Zug dieser Art durch Nordholland ratterte.

Ein Kleinjungentraum ist wahrgeworden: Jaromir ist Lokführer! Naja, zumindest darf er einem echten Lokführer zur Hand gehen. Und mit dem Heizer Kohlen schaufeln, damit die Dampflokomotive weiterschnaufen kann. Zudem hat der Junge am Bahnhof von Hoorn einen kleinen Koffer bekommen, mit dem er während der Fahrt nach Medemblik auf »Dampfsafari« gehen kann.

Nicht nur junge Fahrgäste wie Jaromir genießen die von Personal in historischen Kostümen begleitete Tour. Auch ältere Semester erfreuen sich an der einstündigen Zeitreise die vom historischen Städtchen Hoorn am IJsselmeer durch die westfriesische Landschaft bis ins ebenfalls altehrwürdige, nur 20 Kilometer entfernte Medemblik führt.

Die Museumsdampfkleinbahn Hoorn-Medemblik ist ein fahrendes Museum, das Gefährte aus der Zeit zwischen 1879–1966 präsentiert. In der Werkstatt Hoorn können Besucher erleben, wie Lokomotiven und alte Waggons restauriert werden. Das wohl bekannteste Exponat ist die Dampflokomotive »Bello«, die von 1914 bis 1955 auf der Strecke Alkmaar-Bergen aan Zee verkehrte und in dieser Zeit Millionen Badegäste an den Nordseestrand beförderte. Ihren Namen hat die fahrtüchtige Lok wegen der Dampfglocke, die beim Herannahen an einen unbeschrankten Bahnübergang läutet (Niederländisch: bellen).

Wenn die Fahrgäste am Bahnhof Medemblik ankommen, ist für die meisten von ihnen die nostalgische Reise noch nicht beendet. Sie begeben sich zum Schiffsanleger, wo das historische Fährschiff »Friesland« von 1956 schon auf die Passagiere wartet. Von hier aus tuckert das Bötchen über das IJsselmeer (mit einem Zwischenstopp am empfehlenswerten Zuiderzeemuseum) nach Enkhuizen. Vom Bahnhof des hübschen Hafenstädtchens geht es dann mit der modernen Eisenbahn zurück zum Ausgangspunkt nach Hoorn.

Museumskleinbahnhof Hoorn · Van Dedemstraat 8 (Transferium) · 1624 NN Hoorn
Tel. +31 229 25 52 55 · Tageskarte ab 22,50 für Erwachsene · www.stoomtram.nl/de

41 Neuer Strand, von Menschenhand geschaffen

Für Touristen ist es ein neuer, zum Sonnenbad einladender Strand. Tatsächlich aber ist das künstlich angelegte Dünengebiet »Hondsbossche Duinen« in Nordholland eine weitere innovative Maßnahme der Niederländer zum Hochwasserschutz.

Den Niederländern ist seit langem klar: wenn sie als Weltmeister im Wassermanagement nicht weiter an ihren Fertigkeiten arbeiten, werden sie nasse Füße bekommen. Momentan liegt rund ein Drittel des Landes unter dem Meeresspiegel. Und die See steigt stetig weiter an.

Eine der zahlreichen Schwachstellen befand sich bis 2013 zwischen Camperduin und Petten in der Provinz Nordholland. Der mehr als 500 Jahre alte Deich würde einer »Jahrhundertflut« nicht standhalten, so die Überzeugung beim Ministerium für Wasserwirtschaft. Aber die Bollwerke gegen das Wasser immer höher zu bauen – das wird das Land nicht dauerhaft vor Überschwemmungen schützen. Also besannen sich die Experten auf eine neuartige, aber offensichtlich effektive Idee: Unter dem Titel »zand tegen zee« (Sand gegen Meer) verbreiterte man den Strand derart, dass die Wellen nun viel früher brechen und dadurch weniger Land abgetragen wird. Der alte Deich wurde dabei in die Baumaßnahmen integriert.

Auf diese Weise entstand das neue Dünengebiet »Hondsbossche Dünen«. Es bildet die Verbindung der bereits bestehenden Dünengebiete »Zwanenwater« und den »Schoorlser Dünen«. Wo sich bisher ein wenig einladender Abschnitt der Nordseeküste befand, schuf der Mensch einen neuen, etwa acht Kilometer langen, 200 Meter breiten und sicheren, weil flachabfallenden Sandstrand. Hier tummeln sich im Sommer unzählige Badegäste aus dem In- und Ausland. In dem Dünengebiet legte man neue Fahrrad- und Wanderrouten an und richtete im Besucherzentrum »Zand gegen Zee« in Petten eine interaktive Ausstellung ein, in der sich Interessierte in den Sommermonaten über das Wasserschutzprojekt informieren können. Die neu aufgeschüttete Panaromadüne bietet zudem eine prächtige Aussicht auf das Meer und die umliegende Natur.

Informationszentrum Zand tegen Zee · Strandweg 4 · 1755 LA Petten
Tel. +31 72 582 87 65 · Di–So 10–17 Uhr (Apr. – Okt.) · Eintritt frei

Prächtige Aussicht auf den neuen Naturraum »Hondsbossche Duinen«.
Ein neuer, breiter Sandstrand ist entstanden.

42 Ort der Verwunderung: das Teylers Museum in Haarlem

Ist das nun ein Wissenschaftsmuseum? Oder ein Kunsthaus? Ein Labor? Ein Atelier? Das Teylers Museum in Haarlem will sich gar nicht entscheiden. Es nennt sich »Museum der Verwunderung« – und bezaubert junge und ältere Besucher gleichermaßen.

Erst mal den Mund zu machen! Wer durch das pompöse Portal des Ausstellungshauses am Fluss Spaarne geschritten ist und ein Ticket gelöst hat, gerät im Ovalen Saal mit Kuppel und Balustrade ins Staunen: Es ist ein Schmuckstück der Architektur des 18. Jahrhunderts Die Kulturstätte ist seit 1784 für die Öffentlichkeit geöffnet – in dem Bestreben, dass die Besucher durch die hier ausgestellten Exponate bereichert werden und klüger wieder nach Hause gehen.

Nach dem Museum gehen wir in die Kirche. Aber nicht zum Beten, sondern auf ein Bier – das Gotteshaus ist nun eine Brauerei. www.jopenkerk.nl

Dies war der Wunsch des Seidenherstellers und Bankiers Pieter Teyler van der Hulst (1702–1778). Der wohlhabende Haarlemer interessierte sich sehr für Kunst und Wissenschaft und begann früh, Sammlungen in beiden Bereichen anzulegen. Da er kinderlos verstarb, verfügte er, dass die von ihn zusammengetragenen Objekte im Sinne der Aufklärung der Öffentlichkeit zugänglich gemacht werden sollten. So begründete er mit seinem Erbe das erste niederländische Museum, in dem Kunst- und Wissenschaftsobjekte vereint werden.

Ununterbrochen seit 1784 begeistert der wilde Mix die Besucher: Fossilien und Mineralien, technische Instrumente von Sirenen über Magnesiumlampen, Luftpumpen, Mikroskope bis hin zu altertümlichen Telefonapparaten, Saurierskeletten, Atlanten und Münzen – sie alle haben ihren Platz unter dem Dach des Teylers Museum. Ergänzt wird die aberwitzige Sammlung durch hochkarätige Kunst: von Michelangelo über ein Textbuch von Van Gogh bis hin zum zeitgenössischen Raymond Pettibon. Wechselausstellungen und wissenschaftliche Experimente runden das Angebot des ungewöhnlichen Ausstellungshauses ab.

Teylers Museum · Spaarne 16 · 2011 CH Haarlem · Tel. +31 23 516 09 60 · Di–Fr 10–17 Uhr, Sa–So 11–17 Uhr · Erw. 14 Euro, Kinder 2–18 Jahre 2 Euro · www.teylersmuseum.nl

Das Teylers Museum in Haarlem nennt sich zu Recht »Ort der Verwunderung«.

Das Leben an der Zuiderzee stellen Schauspieler im Freilichtmuseum nach.
Über 130 originale Häuser sind im Zuiderzeemuseum in Enkhuizen zu sehen.

Die Geschichte vom verschwundenen Meer

43

Ein Meer, das es nicht mehr gibt: Diese außergewöhnliche Geschichte erzählt das Zuiderzeemuseum auf alles andere als trokkene Weise. Auf dem Freilichtgelände im hübschen Hafenstädtchen Enkhuizen können Besucher ausprobieren, wie man einst an der Zuiderzee lebte.

Man muss es sich mal vorstellen: als 1932 der 32 Kilometer lange Abschlussdeich zwischen Nordholland und Friesland gebaut wird, verschwindet ein ganzes Meer! Die einstige Zuiderzee, eine Bucht der Nordsee, ist von nun an das IJsselmeer.. Das salzige Wasser wandelt sich zu Süßwasser. Und mit ihm die Lebensgrundlage der Menschen, die an den Ufern der Zuiderzee wohnen und vielfach umsiedeln müssen. Die Fischarten ändern sich und plötzlich können die Fischer nicht mehr einfach aufs offene Meer fahren, denn die Zufahrt wird fortan durch den Abschlussdeich versperrt.

Die Geschichte des Lebens an der ehemaligen Zuiderzee erzählt das gleichnamige Museum in Enkhuizen auf liebevolle und spannende Weise. In der Freilichtausstellung sind über 130 originale Häuser, Geschäfte und Werkstätten aus der Zeit von 1880 bis 1930 zu sehen, der letzten Periode, bevor 1932 der Abschlussdeich fertiggestellt wurde. Viele der Gebäude wurden abgebrochen, über das IJsselmeer verschifft und dann im Zuiderzeemuseum in Kleinarbeit wiederaufgebaut. Das Außenmuseum ist immer vom 30. März bis 31. Oktober geöffnet. In den verschiedenen Werkstätten, Fischräuchereien und Netzknüpfereien »arbeiten« ehrenamtliche Helfer in Originaltrachten und führen den Besuchern ihr Handwerk vor. Kinder werden eingeladen, selbst ein Tau zu knüpfen oder ein Hufeisen zu beschlagen.

Das Innenmuseum ist das ganze Jahr über geöffnet. Hier kann das Publikum eine Reise rund um die Zuiderzee unternehmen: Anhand von Exponaten wie Fotografien, Trachten oder der größten Holzschiff-Sammlung der Niederlande beginnt die Reise in Enkhuizen, führt über den Abschlussdeich an den Watteninseln entlang nach Friesland über die ehemalige Insel Urk und endet in Volendam.

Zuiderzeemuseum Enkhuizen · tägl. geöffnet von 10–17 Uhr (das Außenmuseum nur 30. März–31. Oktober) · www.zuiderzeemuseum.nl

44

Keine Berge in Holland – oder doch?

Es ist, als hätte ein Riese einen überdimensionalen Eimer Sand ausgekippt und sei dann lachend fortgelaufen: die rund 50 Meter hohe Düne schwappt geradezu in den kleinen Ort Schoorl in Noordholland hinein. Kinder stapfen den Berg begeistert hoch, um sich dann jauchzend runterrollen zu lassen.

Und die Eltern? Probieren es meist auch einmal, bevor sie sich glücklich in einem der Cafés am Rande der Kletterdüne niederlassen und ihrem Nachwuchs beim Bezwingen des holländischen Berges zuschauen. Der überdimensionale Sandkasten garantiert Beschäftigung für mehrere Stunden – und das kostenlos.

Schoorl liegt am Rande des gleichnamigen Dünengebietes in Nordholland. Das Örtchen selbst ist recht unscheinbar, mit ein paar Geschäften und Cafés. Aus der Reihe tanzt nur das piekfeine Restaurant Merlet, das regelmäßig mit einem Michelin-Stern ausgezeichnet wird und Feinschmecker in den Ferienflecken lockt; wer nach dem Diner nicht mehr nach Hause fahren möchte, quartiert sich im Hotel nebenan ein. Ansonsten ist die Hauptattraktion des Ortes natürlich der Sandberg. Aber Schoorl ist auch den Zugang zum Nationalpark, in dem Wanderer rund 60 Kilometer ausgeschilderte Wege über die breiten Dünen, durch Wiesen und Wälder vorfinden. Die Einbuchtung »De Kerf«, die bei Flut mit Meerwasser gefüllt wird, ist der Lebensraum zahlreicher Pflanzen und Tiere, darunter des Grünspechts und der seltenen Nachtschwalbe. Im Sommer blühen in diesem Teil des Dünengebiets weiße Orchideen.

Das moderne Besucherzentrum »De Schoorlse Duinen« informiert sowohl über das Dünengebiet als auch über die darin angebotenen Aktivitäten. Darunter auch der wohl anspruchsvollste Mountainbike-Parcours der sonst so flachen Niederlande, eine 16,3 Kilometer lange Strecke, die auch Könner als knackig bezeichnen. Belohnt werden die Sportler mit prächtigen Aussichten über die Dünen und Heidelandschaften. Wer sich dem Abenteuer nicht gewachsen fühlt, kann unterwegs auch auf einen der zahlreichen »normalen« Radwege überwechseln.

Besucherzentrum De Schoorlse Duinen · Heereweg 62 · 1871 EJ Schoorl
Tel. +31 72 509 33 52 · tägl. 10–17 Uhr · www.staatsbosbeheer.nl/english

Etwa 50 Meter hoch ist die Düne von Schoorl, die Spaß für Kinder garantiert.

Fein herausgeputzt wurde die betagte »Antje« für Hotelgäste.
Das historische Segelfrachtschiff ist heute ein kleines Hotel.

Urlaub auf der ausgedienten Antje

45

Es ist wohl die urholländischste Form, seinen Urlaub zu verbringen: auf dem Wasser. Noch dazu auf einem historischen Segelfrachtschiff. Der Kahn liegt in Den Helder und lädt Gäste dazu ein, sich dort zur Ruhe zu betten, wo früher Kohle gelagert wurde.

Antje ist eine betagte Dame: Jahrgang 1875, ist sie eines der ältesten Segelfrachtschiffe der Niederlande. Viele Jahre fuhr Antje den Rhein hinauf und hinunter, oftmals zwischen Rotterdam und Köln, beladen mit Ziegeln, Salz, Kohle, Roggen oder Torf. Da das Schiff gegen die Strömung am Ziel in Deutschland ankommen musste, zog man es einstmals an Leinen vom Treidelpfad aus oder setzte Dampfschiffe ein. Zurück ging es dann mit der Strömung ganz fix, zumal Antje mit 34,75 Metern Länge und sechs Metern Breite ein schneller Segler und deshalb begehrt bei den niederländischen Skippern war.

Dennoch kam der Tag, an dem Antje in den Ruhestand geschickt wurde. Eine Weile dauerte es, bis man wusste, was man mit dem historischen Frachtschiff anfangen sollte. Dann entschlossen sich die Eigentümer, es zu einem Hotelschiff umzuwandeln – im großen Laderaum sollten nun Touristen schlummern. Von 2010 bis 2018 wurde der Frachter sorgfältig restauriert und umgebaut. Die hölzerne Grundstruktur und Innenausstattung wurden dabei soweit wie möglich erhalten.

Nun liegt Antje fein herausgeputzt in Willemsoord, dem alten Hafenviertel von Den Helder. Alle Zimmer sind mit Doppelbett und Heizung ausgestattet und verfügen über ein eigenes Badezimmer mit Dusche und WC. Es gibt einen Gemeinschaftsraum, in dem morgens das Frühstück serviert wird. Es ist in den Kosten für das Doppelzimmer (ab 92 Euro) inbegriffen.

Vom Hotelschiff Antje aus können die »Passagiere« vielfältige Ausflüge unternehmen: ganz in der Nähe befindet sich das Nationale Rettungsmuseum, auch bieten sich von Den Helder aus Touren zu den Watteninseln an. Und wer abends in (niederländischer) Kultur machen möchte, bummelt zum Theater »De Kampanje« gleich nebenan.

Hotelschip Antje · Willemsoord 60d · 1781 AS Den Helder
Tel. +31 6 44 40 08 57 (Mobilnummer) · www.hotelantje.com

46 Ein Hotspot für Hunde

Noordwijk sträubt sich gegen das im Sommer allgemeingültige Badeverbot für Vierbeiner: Das Seebad hat einen Küstenabschnitt reserviert, auf dem Hundebesitzer die Ferien gemeinsam mit ihren treuen Begleitern verbringen können. Um einen unbeschwerten Urlaub zu ermöglichen, ziehen auch Hotels und Restaurants mit.

Wir leben in einer Welt aus Regeln. Für Hundebesitzer bedeutet das gemeinhin, dass sie ihren Strandurlaub auf den Winter oder den Frühling verlegen müssen, denn Von Mai bis Oktober wird den Vierbeinern in den meisten Badeorten der Zutritt zum Meeresufer verwehrt – außer in Noordwijk. Das ist nicht etwa darauf zurückzuführen, dass der Ort nicht begehrt wäre. Viel mehr gehört Noordwijk zu den mondäneren Seebädern. Nicht umsonst hat sich die niederländische Fußballnationalmannschaft hier regelmäßig auf ihre Länderspiele vorbereitet.

Take 2 Beach Bungalow: Die Niederländer haben das Genießen gelernt. Bester Beweis ist dieser Strandpavillon, zu dessen Angebot ein »High Wine« gehört (Mo–Sa 11–15 Uhr).

Vom südlichen Ortsrand am Koningin Astridboulevard bis zum Ortschild von Katwijk können Hunde sich das gesamte Jahr über in die Wellen stürzen. Außerdem dürfen sie hier sogar in den vorderen Gefilden der Dünen umhertollen. Doch auch im Rest Noordwijks sind die Regeln weniger rigide als in den übrigen Küstengemeinden der Niederlande, denn hier ist des Menschen bester Freund lediglich im Juni, Juli und August nicht willkommen.

Die Hundefreundlichkeit erstreckt sich auf alle Annehmlichkeiten, die zu einem gelungenen Urlaub gehören: In vielen Hotels, einigen Ferienwohnungen, Restaurants und Strandpavillons sind Hunde willkommen. Das Schwimmbad »Het Zuiderbad« weist sogar ausdrücklich auf seinen kostenlosen Getränkeservice für Vierbeiner hin. Insgesamt haben sich 39 Beteiligte als Hotspots für Hunde eintragen lassen. Regeln existieren natürlich auch, aber die übersteigen normales verantwortungsvolles Verhalten nicht.

Koningin Astridboulevard 101 · 2202 BD Noordwijk · Tel. +31 71 364 87 90
www.noordwijk.info · www.take2noordwijk.nl · März–Okt.

Freiheit für Vierbeiner: Am Strand von Noordwijk sind Hunde erlaubt.

47 Wo Scheitern keine Option ist: ESA Spacecenter

Mit markigen Worten haben amerikanische Astronauten einst den Ausgang des bemannten Fluges zum Mond vorweggenommen. Dieselbe optimistische Grundeinstellung ist auch in Noordwijk weit verbreitet, wo sich das Europäische Weltraumforschungs- und Technologiezentrum befindet.

Die Aussicht auf einen Flug ins All dürfte so ziemlich jeden Erdbewohner faszinieren. Doch wer den Arbeitsbedingungen standhalten will, muss ziemlich leidensfähig sein. Davon können sich alle Weltraumromantiker in Noordwijk persönlich überzeugen. Die Space Expo ist das offizielle Besucherzentrum der »European Space Agency« (ESA), ein internationales Vorzeigeprojekt, das die Weltraumambitionen von 22 europäischen Staaten bündelt.

Die Space Expo ist den Forschungseinrichtungen der ESA angegliedert, wobei sie in Europa einzigartige Einblicke in die Raumfahrt bietet. Ausgestellt ist hier unter anderem das Original einer Weltraumkapsel vom Typ Sojus, in welcher der niederländische Astronaut André Kuipers im Jahr 2012 gemeinsam mit zwei Kollegen den Sternen so nah war. Nicht weniger aufschlussreich sind das Raumlabor »Columbus« der Internationalen Raumstation ISS und die Modelle der vielen hier entwickelten Satelliten, die nun auf unabsehbare Zeit um den Planeten kreisen.

Die Space Expo aber ist keineswegs nur ein Museum für Wissenschafts-Fans. So sorgt die Simulation des Starts einer Rakete vom Typ Ariane für gehörigen Nervenkitzel bei Jung und Alt. Besonders interessant aber ist das Programm, das an Wochenenden und in den niederländischen Schulferien angeboten wird. Immer dann können die Gäste auch die Forschungslabors der Wissenschaftler besuchen. Unter anderem werden in Noordwijk die Satelliten auf ihre Belastbarkeit geprüft, wozu die späteren Bedingungen simuliert werden. Um erfolgreich im All abgesetzt zu werden, müssen Geräte die 156 Dezibel eines Raketenstarts und Temperaturunterschiede von 300 Grad aushalten – was trotz anders lautender Beschwörungen ausreichend Spielraum zum Scheitern bietet.

Space Expo · Keplerlaan 3 · 2201 AZ Noordwijk · Tel. +31 71 200 1400 · www.space-expo.nl
Di–So 10–17 Uhr · Eintritt 12/8 Euro (am Wochenende 6 Euro Aufschlag)

In Noordwijk gelandet ist dieser Astronaut, der für die Space Expo wirbt.

Rembrandt van Rijn wurde in Leiden geboren. Eine Tour folgt seinen Spuren.
Neuerdings kann man auch sein Atelier in einem Giebelhaus besichtigen.

Auf den Spuren eines Genies

48

Die »Nachtwache« ist der große Publikumsmagnet im Amsterdamer Rijksmuseum. Doch Rembrandt van Rijn wurde im nahen Leiden geboren. Auch hat er sich in der ehrwürdigen Universitätsstadt seine ersten Meriten als Maler verdient. Neuerdings können Besucher sein erstes Studio besuchen.

Die historische Innenstadt von Leiden wird von zwei Armen eines mächtigen Flusses eingerahmt, dem Oude Rijn und dem Nieuwe Rijn. Auch wenn es sich keineswegs um seine imposantesten Seitenarme handelt, so zeichnet der Fluss dennoch für die Namensgebung des vielleicht größten aller niederländischen Maler verantwortlich: Rembrandt van Rijn, der am 15. Juli 1606 als achtes von neun Kindern in Leiden das Licht der Welt erblickte.

Nach einem erfolglosen Intermezzo an der Philosophischen Fakultät der Universität begann Rembrandt im Alter von 14 Jahren eine Ausbildung bei Jacob van Swanenburgh. Der in Italien geschulte Meister hat das Talent seines Lehrlings früh entdeckt und ihn nicht nur mit der Malerei, sondern auch mit der Kunst des Zeichnens und des Radierens vertraut gemacht. Swanenburgh war auf die Darstellung der Hölle spezialisiert. Rembrandt aber schaute sich bei ihm einige Königsdisziplinen der Malerei ab: die realistische Abbildung von Wasser, Feuer und Licht.

Bis 1624 besuchte Rembrandt das Atelier in der Langebrug 89 regelmäßig. Seit Mai 2018 nun haben Bewunderer Gelegenheit, die historischen Räume zu besuchen. In dem schmalen Giebelhaus wird ein Film über den bekanntesten Sohn der Stadt gezeigt, auch sind hier allerlei Andenken zu haben.

Wer noch tiefer in die Jugend des Genies eintauchen möchte, kann neuerdings einen Rembrandt-Spaziergang absolvieren. Dieser führt zu seinem Geburtshaus, zu seiner streng calvinistischen Lateinschule und zu anderen Wirkungsstätten, wo Schautafeln für Erhellung sorgen. Die Strecke führt natürlich auch vorbei an den Rheinarmen, wo Giebelhäuser, Ziehbrücken und eine Windmühle eine Kulisse bilden, bei der jeder Hobbymaler am liebsten gleich die Staffelei aufbauen würde.

Young Rembrandt Studio · Langebrug 89 · 2311 TJ Leiden · www.visitleiden.nl
Mi–So 12–17 Uhr · Karte für den Rembrandt-Rundgang im Haus erhältlich

Augenweide: Im Frühling blühen die Tulpenfelder in den Niederlanden.
Als Mitbringsel für den heimischen Garten eignen sich Blumenzwiebeln.

Tulpomanie fernab des Themenparks

49

»Tulpen aus Amsterdam« heißt ein niederländischer Gassenhauer. Die mag es aus privater Zucht vereinzelt wirklich geben. Das Gros der Frühlingsblumen allerdings stammt von riesigen Feldern, die sich zwischen Leiden, Noordwijk, Haarlem und Lisse ausbreiten. Der Besuch im Frühling ist eine Augenweide.

Selbst routinierte Linienpiloten schaffen es von Ende März bis weit in den Mai bei einem Flug über die Niederlande kaum, ihre Euphorie zu verbergen: »Schauen Sie hinaus. Blumen. Überall Blumen«, lautet nicht selten der Text einer außerplanmäßigen Durchsage an die Passagiere mit Fensterplätzen. Tatsächlich befinden sich in dem Karree zwischen den vier Orten die größten Blumenfelder des Planeten. Oft über Kilometer hinweg leuchten Tulpen in allen Farben, aber auch Narzissen und Hyazinthen.

Nach der sogenannten Tulpenmanie, die im 17. Jahrhundert den Preis einzelner Blumenzwiebeln in die Höhe eines Wohnhauses getrieben hat, haben die geschäftstüchtigen Niederländer entdeckt, dass sich die Küstengegend perfekt für den Anbau der farbenfrohen Gewächse eignet. Die Niederschlagsmenge ist recht hoch, strenger Frost ist selten – und zudem gedeihen die meisten Zwiebeln in den lockeren Sandböden vorzüglich.

Der Anblick der Felder freilich ist nicht nur aus der Vogelperspektive erhaben. Bestes Beispiel ist der Keukenhof bei Lisse, der im Frühjahr zu einem viel besuchten Themenpark wird. Die Zwiebelregion (so die wörtliche Übersetzung) eignet sich auch wunderbar für andere Aktivitäten wie Wandern. Am schönsten aber ist eine 34 km lange Fahrradroute, die mit Start und Ziel am Keukenhof durch die blühenden Felder führt.

Unterwegs bieten sich diverse Gelegenheiten, noch einmal einen anderen Blick auf die Blumen zu werfen. Ein Höhepunkt ist der Besuch bei Annemieke's Pluktuin (www.annemiekespluktuin.nl), wo sich Tulpen-Fans selber ihren Strauß fürs Urlaubsdomizil pflücken können. Bei De Tulperij (www.detulperij.nl) werden im Rahmen einer Führung über die Felder alle erdenklichen Fragen beantwortet.

Karte und Streckenbeschreibung für die **Tulpenroute** als Download,
Orientierung mit Hilfe des Systems der Fahrradknotenpunkte · www.bollenstreek.nl

50

Moderne Kunst ohne Netz und doppelten Boden

Anstrengend und elitär – diese Eigenschaften werden moderner Kunst gerne angedichtet. Nicht so im 2016 eröffneten Museum Voorlinden, das der größten privaten Kunstsammlung des Landes gewidmet ist. Das Haus überzeugt durch originelle Exponate – und es liegt auch noch in einem wunderbaren Park.

In einer unscheinbaren Ecke hocken neugierige Kinder. Fasziniert beobachten sie, wie sich die Türen zweier Aufzüge mit den bekannten Geräuschen und blinkenden Anzeigen öffnen. Die Fahrstühle allerdings sind keine 30 Zentimeter hoch und können allenfalls Mäuse befördern. Doch die Lacher hat Maurizio Cattelan als verantwortlicher Künstler auf seiner Seite.

Ein paar Schritte weiter ruht ein älteres Paar in leicht altmodischer Badekleidung unter einem Sonnenschirm. Es handelt sich um Riesen aus Wachs, deren Körper bis zu den Haarstoppeln auf den Beinen täuschend echt nachgemacht sind. Auch diese Installation von Ron Mueck ist ein populäres Motiv für die Generation Instagram. Der größte Hit aber bleibt ein Kunstwerk von Leandro Erlich: Der Argentinier hat einen Swimmingpool geschaffen, auf dessen Grund die Museumsbesucher trockenen Fußes umherspazieren können. Eine perfekte Illusion dank eines doppelten Bodens.

Unabhängig von Alter und Kulturbeflissenheit gehen die Besucher binnen Sekunden in der Kunst auf. Genau das ist die Absicht des Museums, dessen Sammlung der Industrielle Joop van Caldenborgh (*1940) zusammengetragen hat. Der Bau des Museums war die Erfüllung eines Lebenstraums. Das kongeniale Domizil geht auf den Architekten Dirk Jan Postels zurück, der sich einen 120 mal 50 Meter großen Flachbau mit lichtdurchlässigen Fassaden ausgedacht hat.

Neben seiner permanenten Sammlung beherbergt das Haus auch Wechselausstellungen, die ebenfalls Akzente zu setzen wissen. Und als wäre das alles noch nicht genug, befindet sich das Museum in einem frei zugänglichen Park mit Teich, Weiden, Wanderwegen und einem alten Landsitz, der noch dazu unmittelbar in die Dünenlandschaften übergeht.

Voorlinden museum & gardens · Buurtweg 90 · 2244 AG Wassenaar · Tel. +31 70 512 16 60
www.voorlinden.nl · tgl. 11–17 Uhr · Eintritt 17,50 Euro

Die imposante Bibliothek im privaten Museum Voorlinden.

51 Öffentliches Feilschen um den besten Preis

Der kommerzielle Fischfang verschwindet zusehends aus der Öffentlichkeit. Nicht so in Stellendam, wo eine der größten Flotten der Niederlande beheimatet ist. Besondere Bekanntheit genießt die auf der Insel Goeree-Overflakkee gelegene Hafenstadt für ihre Krabben, die noch an Bord in Meerwasser gekocht und später an Land gepuhlt werden. Der Fang des Tages – darunter Schollen, Seezungen und Tintenfisch – kommt im Hafen unter den Hammer. Anders als bei einer Versteigerung unterbieten sich die Händler dabei gegenseitig bis zum finalen Preis. Touristen können diesem Schauspiel beiwohnen. Im Anschluss geht's nach nebenan ins Restaurant De Zeemeeuw.

Visafslag Stellendam · Meester Snijderweg 5 · 3251 LJ Stellendam
Führungen Freitag 7.30 Uhr (Mai–Okt.) · 10 Euro · Anmeldung beim VVV Goeree Overflakkee

52 Alberne Ausfallschritte

In Spijkenisse geht es gemeinhin eher beschaulich zu. 2018 aber haben sich Fernsehteams aus Australien, China und Großbritannien auf die Reise in den Vorort von Rotterdam gemacht. Anlass der weltweiten Aufmerksamkeit war die alberne Idee eines Beamten namens Aloys Bijl. Der ist seines Zeichens erklärter Fan von Monty Python und dachte sich, dass der rebellische Habitus des Komiker-Kollektivs auch seinem Heimatstädtchen gut zu Gesicht stehen würde. Also hat der Beigeordnete vorgeschlagen, die Kunden der Einkaufspassage dazu zu ermuntern, die angrenzende Straße künftig wie John Cleese und Konsorten zu überqueren. Seitdem wird der Zebrastrafen von einem Schild flankiert, das – weltweit einzigartig – zum »Silly Walk« auffordert.

Raadhuislaan (Höhe Stadhuispassage) · 3201 EL Spijkenisse

Der Fang des Tages kommt im Hafen von Stellendamm unter den Hammer.
Normal gehen geht gar nicht beim »Silly Walk von Spijkenisse«.

53 Rasanter Rundgang durch den menschlichen Körper

Schon mal jemandem auf die Zunge getreten? Nein? Dann ab ins Corpus. Vor den Toren von Leiden ermöglicht dieses interaktive Museum einen Rundgang durch einen stilisierten menschlichen Körper. Binnen 55 Minuten werden die Besucher auf plastische Weise mit den elementaren Fragen konfrontiert, wie der Darm auf den Verzehr eines Käsebrots reagiert und welcher Mechanismus ein Niesen auslöst. In einem Herztheater wird die rasante Reise eines roten Blutkörperchens nachgestellt. Bereits zu Beginn des 55-minütigen anatomischen Schnellkurses erfahren die Besucher, wie der menschliche Geschmackssinn funktioniert. Los geht die Tour nämlich auf der Zunge.

Corpus · Willem Einthovenstraat 1 · 2342 BH Oegstgeest · Tel. +31 71 751 02 00
corpusexperience.nl · Di–So 9–17 Uhr · Eintritt 18,25 Euro

54 Schlummern am Strand

Aufwachen, hinausblicken – und nur den Strand und die Weiten des Meers sehen? Zur Befriedigung dieser urmenschlichen Sehnsucht müssen Urlauber weder auf die Bahamas noch auf die Malediven fliegen, seit die allzeit erfinderischen Niederländer das Strandhaus in Serienproduktion gebracht haben. In Kijkduin stehen von März bis Oktober genug Domizile zur Auswahl, um ein ganzes Dorf zu bilden. Die Behausungen sind rund 35 Quadratmeter groß und entsprechend zweckmäßig mit Küche, Panoramafenstern und bis zu fünf Schlafplätzen eingerichtet, ohne architektonische Ambitionen zu vernachlässigen. Die Aufenthaltsdauer beträgt zwischen drei Tagen und drei Wochen.

Kijkduinse Strandhuisjes · www.kijkduinstrandhuisjes.nl
Haagse Strandhuisjes · www.haagsestrandhuisjes.nl

Rundgang durch den menschlichen Körper im Museum Corpus
Schlummern direkt am Strand in komfortablen Ferienhäusern

In Rijnsburg bei Katwijk befindet sich das kleine Spinoza-Museum.

55

Ein neuer Blick auf die Welt

Der Philosoph Baruch de Spinoza zog ein einfaches Leben auf dem Lande einem Lehrstuhl an der Universität von Heidelberg vor. In Rijnsburg bei Katwijk wurde durch einen Zufall das Haus wiederentdeckt, in dem er den Blick auf die Wirklichkeit gleich in mehrfacher Hinsicht verändert hat.

Die Aktivitäten der Ostindien-Kompagnie haben in den Niederlanden des 17. Jahrhunderts zu beispiellosem Wohlstand geführt. Architektur und Bildende Künste erlebten eine ungeahnte Blütezeit. Im Kielwasser haben davon auch die Wissenschaften profitiert. So gilt Baruch de Spinoza (1632–1677) heute als einer der einflussreichsten Philosophen seiner Zeit, weil er Bibel und Religion aus einem neuartigen Blickwinkel betrachtete.

Der Sohn sephardischer Juden aus Portugal aber konnte nicht nur gedanklich für sich beanspruchen, den Planeten anders als der Rest der Welt zu sehen. Die Philosophie nämlich brachte auch in diesen guten Zeiten den Schornstein nicht zum Rauchen – und so verdiente sich Spinoza seinen Lebensunterhalt als Linsenschleifer. Diesen Beruf übte er mit einiger Leidenschaft aus, die er mit einem anderen Wissenschaftler teilte: Christiaan Huygens (S. 106).

Spinoza lebte ab 1661 zwischen der Universitätsstadt Leiden und dem noch heute tief religiösen Seebad Katwijk in einem kleinen Haus in Rijnsburg. Hier war seinerzeit eine protestantische Sekte zuhause, mit welcher der Philosoph sympathisierte. Also nahm er das Angebot eines Chirurgen an, in einer kleinen Kammer seine Schriften zu Papier zu bringen und außerdem Brillengläser herzustellen.

Mehr als zwei Jahrhunderte nach dem Tod des großen Denkers konnte ein Spinoza-Kenner das Haus über eine Giebelinschrift identifizieren. Das verwahrloste Domizil wurde renoviert, um die neue Heimat der Bibliothek Spinozas zu werden. So beherbergt das kleine Dorf heute ein stilles Museum, in dem der Blick auf die Welt in mehrfacher Weise verändert wurde: Mit neuen Gedanken – und fachmännisch hergestellten Sehhilfen.

Spinoza Museum Rijnsburg · Spinozalaan 29 · Rijnsburg · Tel. +31 71 402 92 09
www.spinozahuis.nl · Di–So 13–17 Uhr · Eintritt 3,50

56 Eine unwahrscheinliche Entdeckung am Firmament

Der Fluss Vliet war im 17. und 18. Jahrhundert eine bevorzugte Adresse für den Bau von Landsitzen. Während Constantijn Huygens seine Zeitgenossen mit einem Entwurf zu überraschen wusste, versetzte eine Entdeckung seines Sohnes Christiaan später die ganze Welt der Wissenschaft in Erstaunen.

Wer es sich leisten konnte, hat den übelriechenden Städten im 17. Jahrhundert den Rücken zugekehrt. Constantijn Huygens (1596–1687) hat sich für den Bau eines Landsitzes am Vliet entschieden. Als Statthalter von Oranien konnte er sich rühmen, neben der Diplomatie auch die Dichtkunst und die Komposition zu seinen Talenten zu zählen. Da ist es nicht weiter verwunderlich, dass er auch für den Entwurf seines Domizils verantwortlich zeichnen wollte.

Entstanden ist ein formschönes viereckiges Haus, das die Balance zwischen repräsentativem Komfort und Bescheidenheit hält. Als kleine Extravaganz hat sich der Bauherr gegönnt, sein Anwesen dem menschlichen Körper nachzuempfinden, wobei die Alleen im Garten die Beine symbolisieren und das Haus den Kopf.

Constantijn Huygens sollte bis zum biblischen Alter von 90 Jahren auf Hofwijck leben und nicht der einzige Hochbegabte mit seinem Nachnamen bleiben: Huygens' Sohn Christiaan (1629–1695) gilt heute als bedeutendster niederländischer Wissenschaftler aller Zeiten. Der Mathematiker und Physiker war ein Pionier der Wahrscheinlichkeitsrechnung, am imposantesten aber sind seine Verdienste als Astrologe: Mit Hilfe eines Teleskops, dessen Linsen er eigenhändig schliff, konnte er 1656 nachweisen, dass der Saturn von Ringen umgeben ist.

Die Nachwelt scheint von den Errungenschaften der Huygens nicht beeindruckt gewesen zu sein, denn das Anwesen sollte mehrfach abgerissen werden. 1868 schlug die Bahnlinie Den Haag-Utrecht tatsächlich eine Schneise durch den Garten. Bei dieser Respektlosigkeit aber blieb es – heute ist Huygens Hofwijck ein schönes, wenn auch zu wenig besuchtes Museum.

Ein schönes Hotel in einem Landsitz mit Park am Vliet:
Central Park | Oosteinde 14
2271 EH Voorburg
+31 70 387 20 81
www.centralparkvoorburg.com

Huygens' Hofwijck · Westeinde 2a · 2275 AD Voorburg · Tel. +31 70 387 23 11
www.hofwijck.nl · tgl. außer Mo, Fr 12–17 Uhr · Eintritt 6/3 Euro

Huygens' Hofwijck war der Landsitz zweier hochbegabter Niederländer.

Die Einschusslöcher vom Mord an Wilhelm von Oranien (1584) sind noch zu sehen.

57

Sichtbare Wunden einer jungen Nation

Das Museum in Delft diente im 16. Jahrhundert dem Prinzen von Oranje als Domizil. Die Niederlande standen damals unter der Vorherrschaft der spanischen Krone. Doch veränderte gesellschaftliche Strömungen führten erst zu einer Abkehr von der gängigen Religion, später zu Rebellion und einem blutigen Krieg.

Am 10. Juli 1584 hat sich Willem von Oranien mit Rombertus van Uylenburgh zum Mittagessen getroffen. Vom Bürgermeister von Leeuwarden wollte er sich in seiner Residenz über die Besonderheiten des friesischen Rechtssystems aufklären lassen. Es sollte sich als letzte Mahlzeit seines Lebens herausstellen: als er die Treppe zu seinen Gemächern hinaufgehen wollte, wurde er aus kurzer Distanz von dem fanatischen Katholiken Balthasar Gérard erschossen.

Das Attentat war religiös motiviert, denn die Republik der Sieben Vereinigten Provinzen und das angrenzende Flandern waren 1566 nach dem sogenannten Bildersturm zum Protestantismus konvertiert. Ihre Rebellion gegen den Katholizismus und damit auch gegen die spanische Krone sollte zwei Jahre später den Achtzigjährigen Krieg auslösen. Willem von Oranien probierte anfangs noch, zwischen den beiden christlichen Glaubensströmungen zu vermitteln. Doch die Konflikte eskalierten weiter: 1572 schließlich bekannte sich der Fürst von Oranien zur Befreiung der Niederlande, bezog seine Residenz in Delft und galt den Katholiken in Spanien, Frankreich und dem Rest des Habsburgischen Reiches fortan als Verräter. Zwölf Jahre später musste er mit seinem Leben dafür bezahlen.

Die ehemalige Residenz ist heute ein Museum, das sich mit der wechselvollen Geschichte der Niederlande befasst. Die Einschusslöcher in den Gemäuern des Prinsenhof sind bis heute in unveränderter Form sichtbar. In der Welt der Historiker werden sie als »profane Reliquien« bezeichnet. Es sind stille Zeitzeugen des Mordes am Vater eines Vaterlandes. Vor Ort werden die Silhouetten der beteiligten Personen per Video an die Wände projiziert. Dadurch wird die Mordszene zum plastisch greifbaren Mahnmal.

Museum Prinsenhof Delft · Sint Agathaplein 1 · 2611 HR Delft · Tel. +31 15 260 23 58
www.prinsenhof-delft.nl · Eintritt 12,50 Euro · Di–So 11–17 Uhr

58 Vermeers Delft lebt – zumindest in Ansätzen

Auch die schönsten mittelalterlichen Stadtbilder ändern sich. Das bleibt scharfen Beobachtern in Delft nicht verborgen. Doch es bedarf nicht viel Phantasie um zu erkennen, wo Jan Vermeer eines seine berühmten Werke gemalt hat. Der Schauplatz eines Bildes konnte erst kürzlich identifiziert werden.

Die Hertog Govertkade in Delft ist hübsch am Südufer der Schie gelegen. Jenseits des Flusses verläuft hinter einer massiven Kaimauer eine viel befahrene Straße. Bei der Bebauung wechseln sich mittelalte und gesichtslos-moderne Häuser ab. Trotz der unaufgeregten Normalität ist es für Kenner der Kunstgeschichte nicht weiter schwierig, in diesem Ort etwas Besonderes zu erkennen. Schließlich mündet hier die älteste Gracht der Stadt, die Oude Delft, in die Schie. Und in der Ferne erhebt sich der 109 Meter hohe Turm der Nieuwe Kerk. Genau wie auf der »Ansicht von Delft«, einem der bekanntesten Gemälde aus dem Goldenen Jahrhundert – nur ohne die beiden charakteristischen Stadttore, die Rotterdamse Poort und die Schiedamse Poort, die 1836 trotz ihres entzückenden Erscheinungsbildes abgerissen wurden.

Vermeer soll sein kleinformatiges Meisterwerk, das heute im Mauritshuis in Den Haag zu sehen ist, 1661 mit Hilfe einer Camera Obscura angefertigt haben. Wer den Ort besucht, wo er seine Staffelei aufgestellt hat, dürfte um gemischte Gefühle nicht umhinkommen. Er kündet sowohl von Konstanz wie auch von Vergänglichkeit.

Nostalgisch wurden lange Zeit auch die Betrachter eines anderen Bildes. So konnte Vermeers »Straße in Delft« (1658) nie genau lokalisiert werden. Vor wenigen Jahren allerdings vermeldete das Amsterdamer Rijksmuseum, wo das Original hängt, dass der Kunsthistoriker Frans Grijzenhout mit Hilfe erstmals verwendeter Katasterunterlagen das kleine Tor ausfindig gemacht hat, hinter dem sich eine Frau mit gebeugter Körperhaltung verbirgt. Seit Kurzem ziert ihr Abbild das Tor der Gegenwart – was für derart viel Publikumsandrang sorgt, dass die armen Bewohner sich entgegen der Landessitten mit Vorhängen behelfen mussten.

Hertog Govertkade und Vlamingstraat 40–42
2611 KX Delft

Das Haus in Delft, das Vermeer unter dem Titel »Straße in Delft« malte

Eins neben dem anderen: Gewächshäuser in der Provinz Südholland

Wer im Glashaus sitzt, kann mit Kernen werfen!

59

Jeder Quadratmeter hat in den ebenso kleinen wie bevölkerungsreichen Niederlanden eine genau definierte Funktion. Die Küstenregion der Provinz Zuid Holland steht ganz im Zeichen einer bestimmten Form von Landwirtschaft. Ein Garant sowohl für optische, wie auch für kulinarische Überraschungen.

In der Gemeinde Westland war es bis vor Kurzem derart hell, dass die Bewohner mitten in der Nacht ein Buch in ihrem Garten lesen konnten. Das hatten sie dem Streulicht zu verdanken, das im großen Stil den hiesigen Gewächshäusern entweicht. Erstaunliche 37 Prozent der Erdoberfläche sind zwischen Den Haag, Delft, Hoek van Holland und der Nordsee von sogenannten »kassen« bedeckt, wo die Niederländer keineswegs nur Tomaten anbauen, sondern so ziemlich alles.

Die Lichtverschmutzung war ein Nebeneffekt mit erheblichen Folgen für den Biorhythmus – und zwar nicht nur den der Menschen, sondern auch der heimischen Tierwelt. Daher sind die Betreiber seit 2017 verpflichtet, das zur Beschleunigung des Wachstums von Rosen eingesetzte Kunstlicht konsequent abzuschirmen.

Bei Monster wurde 2011 im Meer die künstliche Halbinsel »De Zandmotor« aufgeschüttet, die begehbar ist und die Dünen vor Fluten schützen soll.

Unter der Glashaube gedeihen so ziemlich alle nichttropischen Gewächse. Kaum bekannt ist die Tatsache, dass hier auch Trauben in Bio-Qualität angebaut werden. Diese werden zwar anders als in Zeeland (S. 183) nur sporadisch zu Wein verarbeitet, doch immerhin taugen sie für Saft, Eis, Törtchen und natürlich zum puren Verzehr. Im Strandort Monster hat gar ein kleiner Themenpark aufgemacht, der die Welt der Westland-Traube beleuchtet. Von Juli bis November ist der Hofladen mit Frischware bestückt.

Doch Holland wäre nicht Holland, wenn es nicht auch eine Fahrradroute zu dem Phänomen gäbe. Diese ist 40 Kilometer lang, kann auf der Seite des Tourismusbüros (www.bezoek-westland.nl) heruntergeladen werden und führt mit Hilfe des bewährten Systems der Fahrradknotenpunkte durch die völlig flache Region.

Themapark De Westlandse Druif · Vlotlaan 535 · 2681 TW Monster · Tel. +31 174 24 87 87
www.westlandsedruif.nl · Führungen Mai – Okt. 11 und/oder 14 Uhr

60

Das schwarze Nazareth: die Genever-Stadt Schiedam

Die Wacholderbeere ist in destillierter Form zu einer Art Grundnahrungsmittel geworden. Schon lange vor dem Gin-Boom der Gegenwart wurde in den Niederlanden Jenever gebrannt. Eine Führungsrolle hat dabei die Stadt Schiedam eingenommen, die von ihrer Nähe zum Meer profitiert.

20 Windmühlen haben im 19. Jahrhundert die Skyline von Schiedam geprägt. Sie alle dienten dem Mahlen von Gerste, Roggen und Mais, deren Malze für eine florierende Industrie benötigt wurden: der Jenever-Produktion. Dieser hochprozentige Schnaps war in den Niederlanden schon im 17. Jahrhundert bekannt. Weltweit populär aber wurde er erst, nachdem die Importe französischen Branntweins stark rückläufig waren – eine Lücke, die geschäftstüchtige Niederländer clever auszufüllen wussten.

Hauptproduktionsstätte war Schiedam, wo sich mehrere Dutzend Brennereien niedergelassen haben. Während die Anlagen auf Hochtouren liefen, waren die Straßen nicht selten mit Schnapsleichen gepflastert. So kam es, dass die Produzenten ein goldenes Jahrhundert erlebten. Für das gemeine Volk aber waren die Zustände derart miserabel, dass Schiedam den Beinamen »schwarzes Nazareth« erhielt.

Der Besuch des Jenever-Museums klärt darüber auf, dass der Wacholder ursprünglich zur Kaschierung übel schmeckender Fuselalkohole diente. Erst durch die Verfeinerung der Destillationsverfahren und die Hinzugabe von Koriander, Kümmel, Johanniskraut und anderen Ingredienzen nahm die bekannte Aromapalette Gestalt an.

Das Jenever-Museum befindet sich seit 1996 in einer ehemaligen Destille. Zum Museum gehört auch die restaurierte Kornmühle »De Walvisch« mit integriertem Shop. Sie ist einer von vielen Bausteinen des Plans, künftig verstärkt als Mühlenstadt in Erscheinung zu treten. Tatsächlich ist die Skyline Schiedams in den vergangenen Jahren gewachsen.

Jenever-Museum · Lange Haven 74 · 3111 CH Schiedam · Tel. +31 10 246 96 76
www.jenevermuseum.nl · Di–So 11–17 Uhr · Eintritt 8,50 Euro

Museummolen De Walvisch · Westvest 229 · 3111 BT Schiedam · Tel. +31 10 426 76 75
Di–So 11–17 Uhr · Eintritt 7,50 Euro, Kombi-Ticket 12 Euro

Mixkunst mit Hochprozentigem zelebriert man im Jenever-Museum.

61 Vom Wasserbus ins Flüsterboot

Das Flussdelta von Rhein und Maas besteht aus einer beträchtlichen Anzahl von Wasserstraßen. Im Umland von Rotterdam und Dordrecht verkehren darauf die entsprechenden Verkehrsmittel: Wasserbusse. Zum Streckennetz gehören auch allerlei verschiedene attraktive Ausflugsziele.

Wo mit Maas und Rhein zwei der mächtigsten Ströme Europas auf die Gezeiten der Nordsee treffen, konnte sich der Naturschutz durchsetzen. »De Biesbosch« heißt der Nationalpark im Westen jenes Landstriches, der vom Rheinarm Waal und von der Bergsche Maas eingerahmt wird. Es ist ein wasserreiches Naturschutzgebiet von etwa 90 Quadratkilometern Größe, dessen Entdeckung an Bord eines Bootes mit Abstand am schönsten ist.

Ein anderes Highlight aus dem Netz der Wasserbusse sind die Windmühlen von Kinderdijk. Das Weltkulturerbe wird von der Linie 202 auf dem Weg von Rotterdam nach Dordrecht angefahren.

Gut also, dass in der Region ein Netz von Wasserbussen verkehrt, die den in der Lagune von Venedig verkehrenden Vaporetti nicht unähnliche sind. An Bord eines der einfachen Boote erschließt sich die Landschaft des Flussdeltas auf eine ganz andere Weise, als aus der Straßenperspektive. Wer mag, kann an der Erasmusbrücke in Rotterdam einsteigen, um mit der Linie 20 zunächst einmal bis Dordrecht zu fahren. Dort geht es mit der Linie 23 weiter bis zur Haltestelle Hollandse Biesbosch.

Am Besucherzentrum des Nationalparks geht es auf verschiedenen Wegen zu den Lebensräumen von Eisvögeln, Löfflern und Fischadlern. Eine Option ist die Rundfahrt in einem Flüsterboot. Im Juli und August wird diese als Mittsommer-Tour auch am späten Abend angeboten, die vor allem über wenig bekannte Fahrrinnen führt. Die Wintertour hingegen beinhaltet eine Tasse heißen Kakao. Wer lieber individuell als in einer Gruppe unterwegs ist, kann im Biesbosch ein Kanu mieten und damit entweder auf eigene Faust lospaddeln, oder sich auch in Begleitung eines Naturführers auf die spannende Suche nach Bibern machen.

Biesboschcentrum Dordrecht · Baanhoekweg 53 · 3313 LP Dordrecht · Tel. +31 78 770 53 53
www.biesboschcentrumdordrecht.nl · Di – So 9 – 17 Uhr (im Winter bis 16 Uhr) · www.waterbus.nl

Von Wasserwegen durchzogen ist der Nationalpark »De Biesbosch«.

Ein Wiesent auf der idyllischen Insel Tiengemeten.

62

Vergessene Insel im Delta

In den ebenso kleinen wie dicht besiedelten und hoch entwickelten Niederlanden hat jeder Quadratmeter einen festgelegten Verwendungszweck. Nur mit der Insel Tiengemeten wusste man lange nichts anzufangen. Nach einer wechselvollen Geschichte hat das Eiland jedoch mittlerweile seine Bestimmung gefunden.

Zwischen Rotterdam und Zeeland münden mit dem Rhein und der Maas zwei mächtige Flüsse ins Meer. Von der anderen Seite hat die launische Nordsee immer wieder ihr Wasser in das ausladende Flussdelta gespült. Dabei ist in einem Mündungsarm im 17. Jahrhundert eine größere Sandfläche entstanden, die mehr und mehr die Form einer Insel annahm, um schließlich eingedeicht und nutzbar gemacht zu werden: Tiengemeten.

Einige in der Vergangenheit von Bauern bewohnte Häuser wurden zu hübschen Ferienunterkünften umgebaut. Besonders schön ist die Laurettehoeve, buchbar über: www.natuurmonumenten.nl

Auf dem im Haringsvliet gelegenen Eiland lebten gut 200 Menschen. In angenehmer Entfernung zur Zivilisation bauten sie Kartoffeln an und hielten Vieh – ehe am 31. Januar 1953 die Jahrhundertflut allen Illusionen ein Ende bereitete. Zwar waren bis in die 1990er Jahre Landwirte auf Tiengemeten aktiv. Doch es stand fest, dass das Inselleben in der bisherigen Form der Vergangenheit angehörte.

Fortan kursierten die wildesten Pläne für die 7 mal 2 Kilometer große Insel: ein Freizeitpark, ein Frachtflughafen, eine weitere Satellitenstadt für das rasch wachsende Rotterdam und ein Endlager für Sondermüll – nichts war zu abwegig. Letztlich aber entschied die Regierung für das naheliegende: Tiengemeten wurde 2007 an den Verein für Naturdenkmäler übergeben.

Seitdem hat sich die Insel zu einem der zauberhaftesten Orte des Landes entwickelt. Hinüber geht es per Fähre oder Passagierkahn ab Nieuwendijk. Einmal angekommen, können Besucher die autofreie Insel per Fahrrad entdecken oder wandern. Nach dem Rückbau einiger Deiche sind Teile des Eilands von Wasser bedeckt, was enorme Mengen an Vögeln anlockt.

Fähre ab Nieuwendijk · Fähren tägl. 10–17 Uhr zur vollen Stunde
www.natuurmonumenten.nl/natuurgebieden/tiengemeten · 6 Euro Retour

63 Ein intaktes Gesamtkunstwerk

Die Einfahrt zum Hollandsch Diep gewährt zugleich Zugang zu Rhein und Maas, was in der Vergangenheit eine enorme strategische Bedeutung mit sich brachte. An einem kleinen Landvorsprung wurde Willemstad errichtet und nach einem Überfall durch die Spanier zu einer uneinnehmbaren Festung umgebaut.

Willemstad wird von einem Schutzwall mit mächtigen Bollwerken umgeben, der die Form eines siebenzackigen Sterns besitzt. Auf einer leichten Erhebung thront eine majestätische Windmühle. Das Gesicht des Ortskerns prägen drei schnurgrade Alleen, die von ehrwürdigen Giebelhäuschen flankiert werden. Die Voorstraat als mittlere des Trios läuft auf eine sehenswerte Kirche zu, die wiederum von einem mit Wasser gefüllten Graben eingerahmt wird. Und als wäre das noch nicht genug, verführt am Nordrand ein kleiner Hafen zu schwelgerischen Spaziergängen.

Bio-Kaffee, glutenfreier Kuchen und geschmackvolle Blumenarrangements gibt es unter einem Dach beim Doppelgeschäft Bij Betsie/ Flos Bloem Designer: www.flosbloemdesigner.nl

Mit all diesen Eigenschaften entspricht Willemstad ziemlich genau dem Anforderungsprofil, den Besucher aus der Gegenwart an eine urholländische Touristenattraktion haben können. Dennoch ist der Bekanntheitsgrad des Städtchens mit seinen 2400 Einwohnern eher mäßig. Das mag an der Lage tief im Rheindelta liegen, die eine Bereitschaft zu einem kleinen Umweg erfordert. Vielleicht aber wollten die Stadtoberen ihr Domizil auch einfach nur für sich behalten.

Auch wenn die Distanz bis zum Strand gut und gerne 80 Kilometer beträgt, wurde Willemstad lange Zeit technisch gesehen als Küstenort mit Zugang zum offenen Meer definiert. Trotz des Baus der Deltawerke (S. 172) machen sich die Gezeiten hier mit Unterschieden von bis zu 40 Zentimeter bemerkbar.

Davon freilich merken die Besucher nichts. Viele begnügen sich damit, durch das makellos erhaltene Gesamtkunstwerk zu flanieren. Als Zwischenstopp locken das alte Arsenal, die 25 Meter hohe D'Orangemolen von 1734 sowie die Cafés und Geschäfte.

Ein kleiner Schatz im Rheindelta ist das Städtchen Willemstad.

Am berühmten Pier von Scheveningen kann man im Riesenrad dinieren.

Der Pier von Scheveningen – Bühne ins Meer

64

Er ist sicherlich kein Geheimtipp, der 1959 eröffnete Pier von Scheveningen. Aber nur Eingeweihte wissen, dass man auf dem ins Meer ragenden Steg nicht nur lustwandeln, essen und trinken, sondern auch Bungee-Jumping betreiben, in luftigen Höhen dinieren oder über den Wellen des Meeres nächtigen kann.

Manch einer ist auf dem Pier schon erschrocken zusammengezuckt, wenn ein in den Seilen hängender Mensch an ihm vorbei übers offene Meer raste – an einer Zipline hängend rattern die Desperados mit bis zu 70 Stundenkilometer übers Wasser. Andere stürzen sich kreischend vom 55 Meter hohen Bungee-Turm des Piers in die Tiefe.

Wer auf derartigen Nervenkitzel verzichten kann, bucht ein Ticket für das an den Pier gebaute, 50 Meter hohe Riesenrad. Das Fahrgeschäft bietet eine spektakuläre Aussicht auf den Strand von Scheveningen und an klaren Tagen sogar auf die Skyline von Den Haag. Das Riesenrad hat 36 geschlossene Gondeln mit Klimaanlage, darunter eine Kabine mit Glasboden, die besonders luxuriös ausgestattet ist. Man kann in den Gondeln sogar lunchen, dinieren oder einen High Tea genießen. Das freitags bis sonntags ab 17 Uhr buchbare Abendessen im Riesenrad kostet 34,50 Euro pro Person, inbegriffen ist ein Zwei-Gänge-Menü inklusive Getränke und natürlich die Fahrt in der Gondel, die 45 bis 60 Minuten dauert.

Urlauber, die sich vom Rauschen des Meeres in den Schlaf wiegen lassen möchten, können sich in den Pier Suites einmieten. Die fünf exklusiven Hotelzimmer befinden sich im Aussichtsturm am Ende des Piers über dem Meer, mit unverbaubarem Rundumblick auf die Nordsee. Die Luxussuiten mit einer Größe von jeweils 30 Quadratmetern sind unter anderem mit einem Jacuzzi und einer Terrasse ausgestattet, von der aus Gäste einen Panoramaausblick auf die Nordsee erhalten. Man kann sich vorstellen, dass diese außergewöhnliche Unterkunft ihren Preis hat: eine Nacht kostet ab 235 Euro für zwei Personen – die Aussicht, das Meeresrauschen und die Minibar sind im Preis inbegriffen.

De Pier · Strandweg 150–154 · 2586 JW Den Haag-Scheveningen
www.pier.nl

65 Meister der Täuschung: das Museum Escher im Palast

Der ehemalige Winterpalast der niederländischen Königin Emma (1858–1934) beherbergt heute die Sammlung des niederländischen Künstlers M.C. Escher (1898–1972). In dem einzigartigen Museum im Zentrum Den Haags können auch Kinder auf spielerische Weise Bekanntschaft mit dem »Meister der Täuschung« machen.

Das herrschaftliche Gebäude am Ende der Den Haager Prachtallee »Lange Voorhout« ziert ein großflächiges, schwarz-weißes Plakat: Vögel sind darauf zu sehen, die aus einer Landschaft zu wachsen scheinen und sich von weiß in schwarz wandeln. Es ist das wohl bekannteste Bild des Grafikers M.C. Escher: »Tag und Nacht« heißt es, und wer es näher betrachtet, wird schnell die Genialität des Künstlers erkennen. Mit rund 150 Werken, die im Museum »Escher im Palast« ausgestellt werden, umfasst die Ausstellung fast das gesamte Oeuvre des niederländischen Künstlers. Sie reicht von Bildern wie »Treppauf treppab«, wo Menschen in einer unendlichen Schleife Treppen hinauf- oder heruntergehen, bis hin zu bunten Salamandern, die ineinander übergehen. Das Juwel der Ausstellung ist das sieben Meter lange Werk Metamorphose III: Der längliche Holzschnitt lässt den Betrachter die Verbindung von Ewigkeit und Unendlichkeit erfahren, in der sich Zeit und Raum zu einem organischen Ganzen vereinen.

In der zweiten Etage des Palastes befindet sich die interaktive Präsentation »Sehen wie Escher«. Hier werden auch ältere Semester wieder zu verspielten Kindern, wenn sie sich etwa in einer magischen Kugel spiegeln. In »Eschers Zimmer« betreten wir dann im Wortsinne dessen magische Welt: Zwerge erscheinen hier durch eine optische Täuschung wie Riesen – das Foto davon kann man sich als Andenken mitnehmen.

Um das fantasievolle Ambiente abzurunden, ist das Museum erleuchtet von Kronleuchtern in Form von Haien oder gar Totenköpfen: Hans van Bentem, ein Künstler aus Rotterdam, entwarf die opulenten Lampen. Nun hängt im Ballsaal ein riesiger Stern, in anderen Sälen schweben eine Spinne und ein Seepferdchen über den Werken von Escher.

Escher im Palast · Lange Voorhout 74 · 2514 EH Den Haag · Di–So 11–17 Uhr, Erwachsene 9,50 Euro, Kinder 7–15 Jahre 6,50 Euro, bis 6 Jahre Eintritt frei · www.escherinhetpaleis.nl

Optische Täuschungen im Museum »Escher im Palast«.

Fast wie in Paris: die »Haagse Passage« im Zentrum von Den Haag.

Fast wie in Paris: die Nieuwe Haagse Passage

66

Anno 1885, im selben Jahr wie das Kurhaus in Scheveningen, wurde die Passage im Zentrum Den Haags eröffnet. Die beiden mondänen Bauwerke zeugen von der Blüte Den Haags am Ende des 19. Jahrhunderts. Bis zum heutigen Tag sind beide besonders gut erhalten.

Den Haag ist eine elegante Stadt. Das war sie schon, als man Ende des 19. Jahrhunderts beschloss, eine Passage haben zu wollen. So wie man in Paris und großen amerikanischen Städten trockenen Fußes an Geschäften vorbei flanieren konnte, so wollten auch die Haagenaren ihrem Einkaufsvergnügen frönen. 1885 war es so weit: die überdachte Einkaufsstraße, entworfen von dem örtlichen Architekten Herman Wesstra Jr. und seinem Rotterdamer Kollegen Jan Christiaan van Wijk, wurde feierlich eröffnet. In dem schmucken, von einer Kuppel gekrönten Gang konnten die wohlhabenden Bürger nun endlich jene Luxusartikel erstehen, die sie bis dahin per Post aus der französischen Hauptstadt hatten bestellen müssen.

Mehrere Umbauten und eine Erweiterung in Richtung Grote Marktstraat machten die Nieuwe Haagse Passage zu einem modernen und zugleich schicken Einkaufszentrum. Wie der historische Teil der Passage hat auch der neue Teil ein hohes gläsernes Dach. Der Architekt Bernard Tschumi ließ sich für die Keramikfassade aus blauen und weißen Fliesen von den Delfter Fayencen inspirieren. Die Shoppingmeile besteht nunmehr aus drei überdachten Straßen, die sich unter einer runden Kuppel treffen.

Nachdem man die Passage schrittweise den modernen Erfordernissen anpasste, hat sich das Angebot weiterhin überwiegend auf hohem Niveau gehalten. Ja, es gibt sie leider auch hier, Ableger von diversen Billigketten. Aber eben auch Läden wie Akkerman, ein Schreibwarenhandel, der seit 1910 in der Passage ansässig ist. Die Geschichte des Königlichen Hoflieferanten umspannt drei Generationen. Noch länger, nämlich seit 1897, bietet G. Keiser & Zoon seine Briefmarken, Papier und Postkarten in der Passage feil. Dabei ist es mehr als nur ein schlichtes Geschäft: ein Museum, ein Schatzkästchen, eine Zeitmaschine.

Passage · 2595 AK Den Haag · immer geöffnet, Geschäfte Mo 12–18 Uhr; Di, Mi, Fr und Sa, 10–18 Uhr; Do 10–21 Uhr; So 12–17 Uhr · www.depassage.nl

Das »Hotel Indigo« befindet sich in einem ehemaligen Bankgebäude.
Süße Wachmacher aus Den Haag: »Haagse Hopjes«

67

Wo früher Geld ruhte: Übernachten im Bankgebäude

Das Hotel Indigo dürfte einer der sichersten Orte Den Haags sein: schräg gegenüber dem Palast Noordeinde, dem gut bewachten Arbeitspalast von König Willem-Alexander, ist die Herberge in einem ehemaligen Bankgebäude aus dem Jahre 1883 etabliert. Viele Details des prächtigen Geldhauses wurden erhalten: etwa die grünen Marmorwände und Mosaikböden im Foyer oder in der stilvollen »Gold Bar«, die sich im früheren Tresorraum befindet. Im gesamten Hotel und den 63 Designzimmern finden sich Reminiszenzen an die Vergangenheit des Hauses. Zum Beispiel Bilder alter Gulden oder auch Tresore, in denen die (kostenlose) Minibar untergebracht ist.

Hotel Indigo The Hague · Palace Noordeinde · Noordeinde 33 · 2514 GC Den Haag
Tel. +31 70 209 90 00 · www.ihg.com

68

Haagsche Hopjes: ein Wachmacher als Bonbon

Was Vergesslichkeit doch für köstliche Folgen haben kann! Das »Haagse Hopje«, süße Spezialität Den Haags, soll folgendermaßen entstanden sein: Baron Hendrik Hop ließ an einem Abend des Jahres 1792 seinen mit viel Sahne und Zucker zubereiteten Mokka auf dem Kaminsims stehen. Am nächsten Morgen hatte sich der Inhalt der Tasse zu einer braunen Melasse verfestigt, die dem Adligen ausgezeichnet mundete. Sofort rief er den nächsten Zuckerbäcker, mit der Bitte, solche Kaffeebrocken herzustellen. Heute werden die Haagse Hopjes von der Firma Rademaker produziert. Wer sie wie Baron Hop zu einem Mokka genießen möchte, kann dies im »Hop & Stork«.

Hop & Stork · Passage 82 · 2511 AE Den Haag · Mo 12–18 Uhr; Di, Mi, Fr und Sa 10–18 Uhr; Do 10–19 Uhr; So 11–17.30 Uhr · www.hopenstork.com

Sehen und gesehen werden: Die »Fred« lockt zu Shopping und Müßiggang.

Zum Shoppingbummel auf die Fred

69

Das noble Stadtviertel »Statenkwartier« zwischen Hafen, dem Wald Scheveningse Bos und der Innenstadt gilt als eines der schönsten von Den Haag. Die Straße Frederik Hendriklaan zieht sich durch den Stadtteil und erfreut sich großer Beliebtheit bei Einheimischen.

Wer an einem Samstagmittag über die Frederik Hendriklaan bummelt, sieht sich in dem Eindruck bestätigt, dass die Niederländer jedwede calvinistische Selbstkasteiung lange hinter sich gelassen haben. In den Spezialitätengeschäften drängeln sich die Kunden, um feinste Paté zu ergattern, es duftet nach frischem Brot, Radler fahren pfeifend riesige Blumenbouquets spazieren und vor den Bistrots nippt man am ersten Rosé des Tages.

Nur einen Katzensprung vom Hafen entfernt, befindet sich auf der Fred (Nr. 121-K) der mehrfach ausgezeichnete Fischhandel »Vis. Den Haag«

Die fast einen Kilometer lange, von herrschaftlichen Häusern gesäumte und liebevoll »Fred« genannte Straße gilt als eine der schönsten Einkaufsmeilen der Niederlande. Hier reihen sich überwiegend inhabergeführte Läden aneinander, Ketten sind die Ausnahmen. Vom Stadtzentrum aus erreicht man die Fred über die gleichermaßen schmucke Aert van der Goesstraat. Die Straße hat ebenfalls zahlreiche Restaurants und Geschäfte zu bieten – vom Teeladen über ein Geschäft für (Holz-)Spielzeug bis hin zum Goldschmiedeatelier.

Die Shoppingmeile zieht sich durch das Nobelviertel Statenkwartier mit seinen schmucken Jugendstilhäusern, Prachtalleen und einladenden grünen Plätzen. Das Viertel entstand größtenteils in der Zeit zwischen 1890 und 1915. Der bedeutende niederländische Architekt Hendrik Petrus Berlage (1856–1934) hat sich hier mit dem Rathaus und monumentalen Wohngebäuden wie der Villa Henny verewigt. Am Rande des Statenkwartiers befindet sich das von Berlage entworfene, einzigartige Gebäude des Gemeentemuseums (das sich demnächst in »Kunstmuseum« umbenennen wird), das unter anderem die weltgrößte Sammlung des Künstlers Piet Mondrian (siehe auch S. 188) beherbergt.

Statenkwartier · Frederik Hendriklaan und Aert van der Goesstraat
www.denhaag.com/de/stadtteile

70 Durch die Dünen des Naturgebiets Meijendel radeln

Meijendel ist das größte zusammenhängende Dünengebiet der Provinz Südholland. Die Naturlandschaft erstreckt sich zwischen Scheveningen, Den Haag und Wassenaar und besteht überwiegend aus offener Dünenlandschaft, kleinen Seen, Wäldchen und einem breiten, langen Sandstrand.

Wer den Trubel des Strandbades Scheveningen hinter sich lassen möchte, der schnappt sich ein Fahrrad und biegt hinter dem letzten Strandpavillon des Boulevards in das Dünengebiet Meijendel ab. Hier zeigt sich schnell, dass die Niederlande nicht ausschließlich so flach sind wie das Nationalgericht Pfannkuchen – vielmehr kommt man auf den Radwegen ganz schön ins Schnaufen, wenn es die Dünen hinaufgeht. Oben angekommen, werden die Radler mit bester Aussicht über die Sandlandschaft mit kleinen Seen, Kiefernwäldern und natürlich die Nordsee belohnt. Das Naturgebiet beherbergt darüber hinaus mehr als 250 Vogelarten, sowie Füchse, Wiesel und Rehe, deren Population beständig wächst. In einem umfriedeten Teil rings um Kijfhoek-Bierlap grasen zudem Fjordpferde und Galloways.

Ein guter Ausgangspunkt ist »De Tapuit«, das Besucherzentrum des Trinkwasserversorgers Dunea mitten im Dünengebiet (mit Parkplatz). Hier gibt es Informationen über die Gegend, Kartenmaterial und Souvenirs. Außerdem brüten hier während der Saison Schleiereulen, die man über eine Webcam beobachten kann. Neben dem Infozentrum liegt der Pfannkuchen-Bauernhof Meyendel, der zur Stärkung vor oder nach den Rad- oder Wandertouren einlädt. Derart ausgerüstet, können Radfahrer nun z. B. auf dem Fernradweg LF1 durch die Sandhügel zum Wassenaarse Slag bis zum idylischen Badeort Katwijk radeln.

Außerdem können Sie mit dem Fahrrad eine Runde über Mejendel, den Haagse Bos und Den Haag Centraal Station machen (20 Kilometer). Der größte Teil von Meijendel ist für Wanderer und Radfahrer frei zugänglich. Nur für die Gebiete Kijfhoek und Bierlap ist eine Dauerkarte erforderlich, die bei der Zuid-Hollands Landschap (Südholländischen Landschaft) erhältlich ist.

De Tapuit · Besucherzentrum Dunea · Meijendelseweg 40-42 · 2243 GN Wassenaar
Tel. +31 88 347 48 49 · Di–Fr 10–16, Sa–So 10–17 Uhr · www.dunea.nl

Wer durch das Dünengebiet Meijendel radelt, kann ins Schnaufen geraten.

Das berühmte Panorama Mesdag von 1881 bietet ein Stranderlebnis auf Leinwand.

Historische Aussicht Panorama Mesdag

71

Es ist die perfekte Illusion: Ich wähne mich am Strand von Scheveningen, blicke auf das Meer. Höre Möwen kreischen und glaube, die Wellen rauschen zu hören. Wären da nicht die alten Segelschiffe und Pferdekarren. Und das Wissen, dass es eigentlich regnet, hier aber der Himmel heiter ist …

Die optische Täuschung nennt sich »Panorama Mesdag« und wurde 1881 von dem bedeutenden Den Haager Künstler Hendrik Willem Mesdag (1831–1915) geschaffen. Das kreisrund gewölbte Gemälde in dem eigens dafür errichteten Gebäude ist opulent: es hat eine Fläche von rund 1680 Quadratmetern; die Rotunde, in der sich aufgeschütteter Sand befindet, hat einen Durchmesser von 36 Metern. Wer auf der Aussichtsplattform des Panoramas steht und sich im Kreise dreht, hat dieselbe Aussicht wie die Menschen Anno 1881: das Fischerdorf Scheveningen mit seinem Leuchtturm, der Strand mit Fischerbooten, Badekarren und den ersten Hotels, dem Wasserturm und in der Ferne die Stadt Den Haag. Mit wechselndem Wetter draußen ändern sich die Lichtverhältnisse und damit auch die Atmosphäre im Inneren.

Mesdag fertigte das Panorama in der von seinen Auftraggebern vorgegebenen Zeit von vier Monaten. Freilich setzte der clevere Künstler zur Einhaltung dieser praktisch unhaltbaren Frist auf die Mithilfe anderer Künstler der »Haager Schule«: Unter anderem half ihm der junge Maler George Breitner (1857–1923), der beispielsweise Skizzen des Dorfes Scheveningen und der Reiter am Strand anfertigte. Die Ausarbeitung erfolgte anhand von Skizzen, die Mesdag bereits im Mai und Juni des Vorjahres in Scheveningen angefertigt und in eine bemalte Vorstudie von 32 mal 230 Zentimetern übersetzt hatte. Auch einige Fotografien setzte er ein: zum Beispiel zur Behebung von Perspektivproblemen wie etwa bei Schlagschatten auf den Gebäuden.

Es gibt heute nur noch rund 30 großformatige (historische) Panoramen in der Welt. Panorama Mesdag ist das älteste, das noch an seinem ursprünglichen Standort zu bewundern ist.

Panorama Mesdag · Zeestraat 65 · 2518 AA Den Haag · Tel. +31 70 310 66 65
Mo–Sa 10–17 Uhr, So 11–17 Uhr · Eintritt: Erwachsene 10,50 Euro, Kinder 4–11 Jahre 5,50 Euro, 12–18 Jahre 9 Euro · www.panorama-mesdag.nl

72

Der Strand ist nicht nur zum Sonnenbaden da

Ja, es gibt sie noch: Badegäste, die ihr Handtuch auf dem Sand ausbreiten, sich darauf legen, ein gutes Buch lesen und das Meer genießen. Für all jene, denen das zu viel des Müßiggangs ist, hat der Strand von Scheveningen das ganze Jahr über unterschiedlichste Aktivitäten zu bieten.

Bibbernde Gestalten eröffnen die Badesaison am 1. Januar: seit 1965 gibt es in Scheveningen das Neujahrsschwimmen – angeblich das größte seiner Art in den Niederlanden. Jedes Jahr stürzen sich bis zu 10 000 Unverfrorene in die Fluten. Ab 10.30 Uhr kann man sich am Pier anmelden, Start ist dort um 12 Uhr. Da die Veranstaltung von einem bekannten Lebensmittelproduzenten gesponsert wird, gibt es als Belohnung für jeden Teilnehmer eine Dose Erbsensuppe.

Nach diversen kleineren (Sport-)Veranstaltungen folgt im Juni der Vlaggetjesdag: Mit Fähnchen (vlaggetjes), die im Wind flattern, wird in Scheveningen der erste Hering der Saison feierlich begrüßt. Der junge Hering, auch Matjes genannt, wird zwischen Mitte Mai und Ende Juni gefischt. Vorher ist er zu mager, später zu fett. Das erste Fass wird versteigert und der Gewinn gespendet. Begleitet wird das Festival von einem Unterhaltungsprogramm – und natürlich der Verkostung des neuen Herings.

Das internationale Feuerwerksfestival lockt alljährlich Mitte August Zehntausende nach Scheveningen. An vier Abenden treten Pyrotechniker verschiedener Länder gegeneinander an, um leuchtende Kunstwerke in den Himmel zu zaubern. Dabei handelt es sich um einen ernsthaften Wettstreit: Alle Teilnehmer verfügen über dasselbe Budget, müssen mindestens 80 Prozent ihrer Pyrotechnik aus dem eigenen Land verwenden und ihre Shows sollen zwischen elf und 13 Minuten lang sein.

Im September gibt es hier das jährliche Drachenfestival, bei dem über 100 Teilnehmer aus der ganzen Welt kreative und kunterbunte Drachen steigen lassen. Auf dem Boulevard kann man Drachen kaufen und natürlich gibt es Kurse im Drachenfliegen.

Informationspunkt des Tourismusbüros VVV · Gevers Deynootweg 990-58 · 2586 BZ Den Haag
tägl. 9–22 Uhr · www.denhaag.com

Das Drachenfestival ist einer der Höhepunkte am Strand von Scheveningen.

73 Vom Flüchtlingskind zum Designer: Omar Munie

Es klingt wie ein modernes Märchen: ein Flüchtlingsjunge aus Somalia landet in den Niederlanden und wird zum berühmten Designer. Doch keine gute Fee hatte ihre Finger im Spiel – Omar Munie erfüllte sich seinen Traum selbst. Dank viel Talent und harter Arbeit.

Omar Munie erzählt seine Geschichte während sein Blick durch seinen eleganten, neuen Laden auf der Nobelmeile Noordeinde streift. »Ich war neun Jahre alt«, erinnert er sich an den Flug aus seiner Heimat Somalia, »und trug das Trikot eines deutschen Fußballspielers mit der Rückennummer 18«. »Dorthin müsst ihr euch durchschlagen«, gibt die Mutter den vier Geschwistern auf den Weg, »in die Heimat von Jürgen Klinsmann«. Aber die Kinder bleiben beim Umstieg ausgerechnet beim fußballerischen Rivalen der Deutschen hängen, am Amsterdamer Flughafen. Und Omar Munie ist nie mehr fortgegangen. Heute reißen sich die Reichen und Schönen um seine Handtaschen: ein Dankschreiben der damaligen Prinzessin Máxima, heute Königin der Niederlande, hängt in seinem Geschäft (das übrigens neuerdings um ein Café ergänzt wurde) und Oprah Winfrey trug ebenfalls eins seiner Modelle.

Wie kam es dazu? Nun, er habe schon früh sein Talent entdeckt, eine Modefachschule besucht. 2006 eröffnet der damals Zwanzigjährige sein erstes Handtaschengeschäft in einem Gewerbegebiet in Den Haag. Sein Erfolg dürfte nicht nur an seinen Kreationen liegen, die von klassisch bis verspielt reichen. Sondern auch aus der Kombination von Glamour und sozialem Gewissen resultieren. Der einstige Flüchtling achtet darauf, stets auch Menschen zu beschäftigen, die aus ihrer Heimat geflohen sind. Er gründete die Organisation »The Dutch Tulip«, die sich die Integration von Flüchtlingen zum Ziel gesetzt hat. Und er designt Armbänder aus recycelten Schwimmwesten. Damit erinnert er an das Schicksal derer, die mit ebenjenen Plastikwesten über die Ägäis nach Europa kamen – und auch an jene, die bei dieser Überfahrt den Tod gefunden haben. Aus dem Erlös unterstützt er eine Flüchtlingshilfe.

Omar Munie · Noordeinde 64 · 2514 GK Den Haag
www.omarmunie.com

Omar Munie ist heute ein erfolgreicher Handtaschendesigner.

Die versteckten »hofjes« von Den Haag kann man bei einer Tour entdecken.

Verborgene Innenhöfe entdecken

74

Remco Dörr ist der wohl bekannteste Stadtführer Den Haags. Der flamboyante Guide kennt die Stadt wie seine stets aus feinstem Tuch bestehende Westentasche. Uns führte er zu versteckten Wohnhöfen, an deren Eingang wir ohne seine Führung sicherlich achtlos vorbeigerannt wären.

Zügigen Schrittes eilt Remco von der Prachtallee »Lange Voorhout« im Zentrum Den Haags um die Ecke und öffnet eine unscheinbare Türe in einer Hausmauer. Verdutzt folgen wir ihm – und gelangen in einen zauberhaften, üppig bepflanzten und von Backsteinbauten umgebenen Innenhof. Es ist der »Rusthof« (Ruhe-Hof), gegründet 1841 als eine Wohlfahrtseinrichtung. Nach den – übrigens noch immer geltenden Statuten – waren die Wohnungen für mittellose evangelische Frauen über 55 Jahren gedacht. Hier fanden vor allem Witwen und Haushälterinnen, die nach ihrer »Pensionierung« kein Einkommen und keine Unterkunft mehr hatten, eine Bleibe. »Es gab (und gibt) in so einem kleinen Hof natürlich eine strenge soziale Kontrolle«, erläutert Remco augenzwinkernd mit Blick darauf, dass Besucher hier kaum unbeobachtet ein und aus gehen können.

Im »Heilige Geest Hofje« können bis zu zwei Personen übernachten. Informationen und Reservierungen: info@hetheiligegeesthofje.nl, Tel. +31 70 36 35 264.

Der Rusthof ist einer von zehn noch bestehenden Wohltätigkeitshöfen in Den Haag. Insgesamt gibt es noch etwa 115 dieser »hofjes«, die teilweise besichtigt werden können. Sie befinden sich hinter Mauern versteckt, von der Straße oft kaum sichtbar. Auch andere Städte der Niederlande haben diese Art von Höfen zu bieten, sie sind ein niederländisches Phänomen, das aus dem 16. Jahrhundert datiert, als vornehmlich reiche Kaufleute armen Mitbürgern günstigen Wohnraum stifteten.

Der »Heilige Geest Hofje« (Heilige Geist-Hof, Paviljoensgracht 125) von 1616 ist der älteste Wohltätigkeithof Den Haags. Das Ensemble zählt zu den schönsten hofjes des Landes. Im Garten steht übrigens der älteste Birnenbaum der Niederlande, gesetzt im Jahre 1647!

Hofje Rusthof · Parkstraat 41-61 · Den Haag · tägl. 10–17 Uhr, Eintritt frei
Besucher werden gebeten, die Privatsphäre der Bewohner zu respektieren · www.hofjerusthof.nl

75

Multikulti wie die Stadt: der Haagse Markt

Den Haag ist eine internationale Stadt. Als Standort von Organisationen wie dem Internationalen Gerichtshof der Vereinten Nationen wohnen und arbeiten hier Menschen aus aller Herren Länder. Das spiegelt sich auch im kulinarischen Angebot wieder, etwa auf dem Haagse Markt, einem der größten Europas.

Strumpfbandbohnen aus Surinam liegen einträchtig neben holländischen Kartoffeln, ein Stand mit den typischen Lakritz-Drops wechselt sich mit einer vietnamesischen Loempia-Bude ab: wir befinden uns auf dem »Haagse Markt«, einem der größten Märkte Europas, früher auch der »Magen von Den Haag« genannt. Hier finden die Bewohner der internationalen Stadt alles, was sie zur Zubereitung ihrer jeweiligen heimischen Gerichte benötigen – und darüber hinaus: Kleidung, Schuhe, Trödel, Kitsch, Elektronikgeräte und Blumen.

Ein Bummel über das riesige Gelände ist ein Erlebnis: Es duftet abwechselnd nach exotischen Früchten und urholländischem Hering, Niederländisch vermischt sich mit den Sprachen der Welt. Es herrscht Gewusel, schließlich frequentieren rund 35 000 Besucher pro Woche den Markt mit seinen etwa 540 Ständen. Diese sind nach den verschiedenen Branchen sortiert: Lebensmittel, Mode, Wohnen und Natur.

Bereits seit 1920 gibt es den Haagse Markt, wo schon damals exotische Früchte feilgeboten wurden. 1938 zogen die Händler von der Prinsengracht an den heutigen Standort an der Herman Costerstraat – der Verkehr hatte derart zugenommen, dass man an den Rand des Zentrums auswich. Inzwischen gilt er als größter Markt der Niederlande und sogar als größter Freiluftmarkt Europas.

Erreichbar ist der Markt mit verschiedenen Bus- und Bahnlinien vom Hauptbahnhof Den Haag Centraal oder der Station Hollands Spoor (HS) aus, Haltestellen sind »Haagse Markt« oder »Hoefkade«. Oder man radelt vom Zentrum aus durch die interessanten Stadtviertel Transvaal und Schilderswijk zum Markt und stellt das Velo auf einem der (bewachten) Fahrradstellplätze ab. Für Autofahrer gibt es eine Tiefgarage unter dem Gelände.

Haagse Markt · Herman Costerstraat · Mo, Mi, Fr, Sa 9–17 Uhr
www.dehaagsemarkt.nl

Spezialitäten aus aller Herren Länder sind auf dem »Haagse Markt« erhältlich.

76 Strandpavillons – von günstig bis nobel

Man könnte behaupten, dass die Niederländer aus ihren Strandpavillons eine Religion gemacht haben: an der gesamten niederländischen Nordseeküste finden sich die Strandbuden unterschiedlichster Gestaltung. Von der Hippie-Bude bis zur Nobel-Lounge.

Einst waren es einfache Bretterbuden, welche im Sommer vereinzelt am Strand von Scheveningen standen. Lauwarmes Bier, eine Portion Fritten, das war's meist. Aber hey, wer meckerte schon, bei der Aussicht aufs Meer. Seit Jahren aber haben die Niederländer ihre Kreativität (und ihren Geschäftssinn) auf die Strandpavillons ausgedehnt. Wer heute nach Scheveningen kommt, sieht keine Baracken mehr, sondern eine schier endlose Reihe von glitzernden Lounges mit so klangvollen Namen wie Copacabana, Blue Lagoon oder Zanzibar.

Mehr chillen geht nicht: die Beachbar »Puntje« liegt abgelegen am Rande des Naturschutzgebietes, ist sehr einfach und sehr gut. www.strandtenthetpuntje.nl

Wahlweise auf Himmelbetten oder in gepolsterten Liegestühlen räkeln sich die Schönen und Reichen und die nicht so Schönen und nicht so Reichen auf niederländisch-egalitäre Art nebeneinander, untermalt wird das Ganze von Ibiza-Sound und flackernden Tempel-Feuern. Dazwischen gibt es Pavillons, die zu Vergnügungsparks für Kinder ausgebaut wurden. Versteht sich von selbst, dass es hier längst nicht mehr nur Fritten gibt: Wer vegan speisen möchte, kommt genauso auf seine Kosten wie derjenige, der gerne zeeländische Austern schlürft. Und viele dieser Buden sind das ganze Jahr über geöffnet.

Das Angebot entlang des Scheveninger Boulevards erinnert zugegebenermaßen immer mehr an einen Rummelplatz. Aber wer sich etwas wegbewegt aus dem Zentrum des Treibens rund um das ehrwürdige Kurhaus, findet nette Strandpavillons, in denen es ruhiger zugeht. So etwa im Pavillon »Fat Mermaid« oder noch weiter auswärts im Strandcafé »De Staat« am Zuiderstrand, der auch der »stille Strand« genannt und vornehmlich von Einheimischen frequentiert wird.

Strandpavillon De Staat · Strand Zuid 4 · 2583 ZZ Den Haag (Strandaufgang 10)
Tel. +31 70 338 88 60 · im Sommer tägl. 9–23 Uhr (im Winter geschlossen) · www.destaat.info

Von Bretterbuden bis zu noblen Lounges reicht die Bandbreite bei den Pavillons.

Der ehemalige Kreuzfahrtdampfer liegt heute als Hotelschiff in Rotterdam.

Die Holland America Lijn

Die Halbinsel »Kop van Zuid« ist heute Standort der höchsten Gebäude der Niederlande. Ziemlich verloren erinnert am Westende der Landzunge das Hotel New York an vergangene Zeiten. Das Gebäude war die letzte Station tausender Europäer vor ihrer Auswanderung in die USA.

Auf dem Weg in eine vielleicht bessere Zukunft war seinerzeit die Holland America Lijn behilflich, die einen Liniendienst von Rotterdam nach New York angeboten hat. Ab dem Jahr 1959 kam dabei die SS Rotterdam zum Einsatz. Ein Dampfschiff so elegant, wie es sich die Passagiere der schwimmenden Städte kaum vorzustellen wagen.

Die Rotterdam konnte 1456 Passagiere aufnehmen, wobei ein Teil der Decks bei Bedarf umgebaut werden konnte, um entweder Fahrgäste der 1. oder der 2. Klasse aufzunehmen. Bei der Jungfernfahrt am 3. September 1959 konnte sich die spätere Königin Beatrix ein Bild vom Luxus der Salons und Kabinen machen. Rasch sollte sich der außergewöhnliche der Komfort des Schiffes herumsprechen, so dass die Rotterdam schon in ihrem ersten Winter für Kreuzfahrten amerikanischer Touristen gebucht wurde.

Beide Hotels gehören zu den Westcord-Hotels, die ein spezielles Arrangement »Holland Amerika Lijn« mit Übernachtungen in beiden Häusern anbieten.

Trotz dieser Seitensprünge sollte die Rotterdam zwölf Jahre überwiegend im Liniendienst bleiben. 1971 aber hatte der Luftverkehr so sehr an Bedeutung gewonnen, dass die Schiffsverbindung nicht mehr rentabel war. Fortan sollte die Rotterdam unter wechselnden Eigentümern bis 2000 den Kreuzfahrern ein Garant für glamouröses Reisen. Als die Reederei Bankrott ging, schien dem Schiff der langsame Verfall zu drohen. Doch es fanden sich Investoren, die den maritimen Kulturschatz retten wollten. Nach einer umfangreichen Wiederinstandsetzung ist die Rotterdam heute ein Hotelschiff, das mit seinem 50er Jahre-Charme punktet. Bis zum Hotel New York sind es zu Fuß nur anderthalb Kilometer.

SS Rotterdam · 3e Katendrechtsehoofd 25 · 3072 AM Rotterdam
Tel. +31 10 297 30 90 · www.ssrotterdam.nl

78 Kulinarische Zeitreise im alten Hafenviertel

Mit seiner nostalgischen Einrichtung erinnert das Restaurant an längst vergangene Zeiten, als die Gegend südlich der Maas noch verrucht war. Die Küche verstärkt die Illusion mit typisch niederländischen Zutaten früherer Tage – natürlich nicht, ohne diesen einen modernen Touch zu verleihen.

Die traditionelle holländische Küche gilt nicht gerade als raffiniert: Erbsensuppe, Kartoffelstampf oder schmuckloses Gemüse dienten in dem calvinistisch geprägten Land früherer Tage eben nicht der reinen Freude, sondern sie sollten satt machen. Das hat sich grundlegend geändert. Die Niederländer sind binnen weniger als zwei Generationen zu anspruchsvollen Genießern geworden. Mit ihnen hat die Küche ihrer Vorfahren einen nicht zu übersehenden Wandel durchgemacht.

Den Beweis tritt auf besondere Weise das Restaurant »De Matroos en het Meisje« an. Der Name erinnert an die Zeiten, als das mittlerweile angesagte Viertel Katendrecht noch berüchtigt war für Seemänner auf Landgang, die sich auf die Suche nach bezahlter Liebe machten. Im Lokal scheint die Zeit stehen geblieben: die Wände sind in der Tradition der Delfter Fayencen mit blauweißen Kacheln dekoriert. Die Motive allerdings zeigen nicht Windmühlen oder andere Ikonen des alten Hollands, sondern das moderne Rotterdam. Den Euromast, die Erasmusbrücke, die wachsende Skyline der Maas-Metropole und nicht zuletzt die Gesichter bekannter Rotterdamer.

Mittendrin stehen die Worte »Verse Vis« geschrieben – und der frische Fisch spielt natürlich eine prominente Rolle in der Küche von Eva Eekman. Gegessen wird, was auf den Tisch kommt, denn der Matrose und sein Mädchen verstehen als »table d'hote«, was in der französischen Gastronomie für ein Lokal mit einer stets frischen, aber nicht minder kleinen Karte steht. Konkret hat der Gast die Wahl zwischen einem Menü mit drei bis sechs Gängen mit oder ohne passende Weinbegleitung. Dazu kann auch eine Käseplatte gereicht werden. Auf den Teller kommen neben Fisch auch Bitterballen mit Hirschragout oder Carpaccio.

De Matroos en het Meisje · Delistraat 52 · 3072 ZL Rotterdam
Tel. +31 10 215 27 64 · www.dematroosenhetmeisje.nl · tgl. ab 18 Uhr · Menü ab 38 Euro

Das Restaurant »De Matroos en het Meisje« verbindet Tradition mit Moderne.

79

Ein Ausrufezeichen aus Glas

Zigaretten stehen in unserer Gegenwart nicht hoch im Kurs. Das hat die UNESCO nicht davon abgehalten, eine Tabakfabrik zum Weltkulturerbe zu erklären. Tatsächlich ist die Van Nelle Fabriek ein visionäres Bauwerk, das der Gesundheit der Mitarbeiter zuträglicher war als das verarbeitete Produkt.

In Rotterdam steht ein Musterbeispiel für das zukünftige Leben. So puristisch und so bedingungslos rein. Diese Einschätzung ließ sich der Schweizer Architekt Le Corbusier entlocken, nachdem er 1932 ein just vollendetes Fanal der Moderne besucht hatte: Die neue Fabrik von Van Nelle. Der Traditionskonzern hatte ab 1782 fast zwei Jahrhunderte lang Kaffee, Tee und Tabak verarbeitet. Doch während das Unternehmen der Globalisierung nicht zu trotzen vermochte, wird ihr Firmensitz der Nachwelt erhalten bleiben.

Das Van-Nelle-Museum bietet an ausgesuchten Terminen kombinierte Touren mit einer Fahrt in einem historischen Boot auf dem Fluss Schie an.

Zwischen 1923 und 1931 war es dem Niederländer Leendert van der Vlugt vorbehalten, den Wunsch des Bauherren nach einer ebenso funktionalistischen wie formschönen Fabrik zu erfüllen. Entstanden ist es ein strahlend weißes Gebäude, dessen Fassade wo immer möglich aus Glas besteht, das viele gerade Linien aufweist aber ineinander verschachtelt ist und das sanft geschwungene Trakte ebenso wenig scheut, wie ein Geflecht von Brücken, die in der Luft zu schweben scheinen. Markanteste Merkmale des Interieurs sind die pilzförmigen Säulen und der scheinbar unbändige Lichteinfall, der den Arbeitern einen ungekannten Komfort geboten hat.

Auch bezüglich seiner Produktionslinien lag der Bau weit vorne, der während des Zweiten Weltkriegs mehrmals Ziel von Angriffen war. Abgesehen von 3000 gebrochenen Fensterscheiben aber hielten sich die Schäden im Rahmen. Nach der Übernahme von Van Nelle und der Stilllegung der Produktion war lange unklar, was aus dem Juwel des Neuen Bauens wird. Die Erlangung des Welterbestatus 2014 entschied schließlich seine Zukunft.

Van-Nelle-Fabrik · Van Nelleweg 1 · 3044 BC Rotterdam · www.vannellemuseum.com
Führungen Sa, So 13 Uhr · Tickets 8,50 Euro

Visionäres Bauwerk: die Van-Nelle-Fabrik in Rotterdam

Statement gegen den Plastikmüll: der Recycled Park in Rotterdam.
Design »Made in Rotterdam« gibt es bei »Groos«.

80

Grüne Inseln aus Plastikmüll

Die Verschmutzung der Weltmeere mit Plastik ist eines der großen Themen unserer Zeit. Jeder kleine Beitrag zur Linderung des Problems ist wertvoll. Also hat sich die Stadt Rotterdam mit dem Büro WHIM architecture für ein Projekt zusammengetan, um mit Hilfe schwimmender Fallen Plastikmüll aus der Maas zu filtern. Dieses wird recycelt und anschließend zu kleinen Plattformen umgebaut, die an einem Anker in den Hafenbecken treiben. Auf ihnen werden einzelne Bäume oder kleine Beete gepflanzt, die für eine Vergrößerung der Gesamtgrünfläche sorgen. Vielleicht keine Idee, mit deren Hilfe die Welt gerettet wird – aber ein intelligentes Modellprojekt mit hohem Symbolcharakter, das am besten bei den sehenswerten treibenden Pavillons im Rheinhafen zu beobachten ist.

Recycled Park · Tillemakade 99 · 3072 AX Rotterdam · www.recycledpark.com

81

Gebrauchsgegenstände aus der nahen Zukunft

In Rotterdam findet die Zukunft schon jetzt statt. So zumindest verstehen die Kreativen der Stadt ihre Arbeit, die sich nicht nur in futuristischer Architektur, gewagtem Design und fortschrittlichen Ideen, sondern vor allem auch in einer atemberaubend schnellen Realisierung äußert. Als Sammelbecken für die Produkte und Nebenprodukte des Thinktanks Rotterdam hat sich mit Groos eine kongeniale Boutique etabliert, wo vom neuartigen Kleiderbügel über beleuchtete Handtaschen und Socken bis hin zu Stühlen aus dem Atelier von Enfant Terrible Joep van Lieshout eine wechselnde Auswahl origineller Gegenstände zu bewundern ist, die zum Erwerb verführen.

Groos Rotterdam · Achterklooster 13 · 3011 RA Rotterdam · Tel. +31 10 413 33 44
www.groosrotterdam.nl · Di–Sa 10–18, So 12–17 Uhr

82 Wo das grüne Leben keine Zukunftsvision ist

Eine Einkaufspassage ausschließlich für fair gehandelte und nachhaltig produzierte Waren. Wo alle Lebensmittel aus biologischem Anbau stammen und die Kunden entweder ihre Verpackungen selbst mitbringen oder diese umweltfreundlich sind. Dieser fortschrittliche Ansatz ist in der Grünen Passage längst Routine.

Andernorts träumen die Freunde eines gesunden und nachhaltigen Lebensstils bis heute davon, ein Shoppingcenter eigens für ihre Bedürfnisse aufsuchen zu können. In Rotterdam hingegen hat sich eine Handvoll Unternehmer schon früh gedacht: »Moet kunnen« (zu Deutsch: Das sollte doch möglich sein.). Dieses typisch niederländische Mantra bürgt dafür, dass das kleine Land bei vielen Trends weit vorne liegt.

Wer nach weiteren außergewöhnlichen Einkaufserlebnissen sucht, sollte sich den Afrikaandermarkt ansehen (Mi, Sa 8–17 Uhr).

Dreh- und Angelpunkt ist bis heute das Restaurant Spirit, wo sich die Kunden an einem rein vegetarischen Büffet das zusammenstellen, was im gastronomischen Neudeutsch als »Bowls« bezeichnet wird. Bunte Gerichte mit vielen gesunden Zutaten und leckeren Saucen, die mit der faden Vollkornkost aus dem Reformhaus nicht mehr viele Gemeinsamkeiten haben. Bezahlt wird, was die Waage angibt.

Im angrenzenden Supermarkt »Gimsel« gibt es von Fisch mit MSC-Zertifikat über Obst, Käse und Brot bis zum Bio-Tierfutter und Alkoholika alles für den Heimgebrauch. Das Fachgeschäft »De Groene Weg« ist auf hormonfreies Fleisch von glücklichen Tieren spezialisiert, während Van Binnen Leinen und andere chemiefreie Stoffe zum nachhaltigen Leben beisteuert. Der ausschließlich mit natürlichen Inhaltsstoffen arbeitende Schönheitssalon Aditi und eine breite Palette an Geschenken aus dem Wereldwinkel runden die Palette ab.

So zeigt sich heute, dass die Philosophie der Gründer visionär war: Diese sind mit dem Anspruch ans Werk gegangen, dass nicht nur sie ein glückliches Leben verdienen, sondern auch die Menschen auf der anderen Seite der Produktionskette.

De Groene Passage · Mariniersweg 12055 · 3011 NB Rotterdam · www.degroenepassage.nl
Mo–Sa 8–18, So 11–17 Uhr

Entspannt und ökologisch:
In der »Groene Passage« kann man nachhaltig shoppen.

83 Die Wiege des modernen Hipstertums

Lust auf eine Typveränderung? Dann könnte dieser Salon in Rotterdam die richtige Adresse sein. Der Barbier-Salon Schorem hat es nach seiner Eröffnung 2011 rasend schnell zu internationaler Berühmtheit geschafft. Auslöser war das Konzept der beiden Gründer, einen Herrenfriseursalon wie in den 50er Jahren zu eröffnen.

Bei Schorem gehört es zum guten Ton, sich mit einem auffälligen Haarschnitt ausstaffieren zu lassen. Dieser orientiert sich wahlweise an klassischen Frisuren, wie sie der junge Elvis, Johnny Cash oder andere Ikonen aus der großen Zeit des Rock'n'Rolls populär gemacht haben. Noch lieber aber lassen die Barbiere ihrer eigenen Kreativität freien Lauf. Unabhängig vom Ergebnis aber gilt: Bei dem Besuch geht es nicht nur um eine Frisur.

Das beginnt bereits mit dem Ladenlokal, das ausschließlich für Männer zugänglich ist. Frauen finden allenfalls als Wandschmuck Einlass, weil die Gestaltung ihrer Haare aus Sicht der beiden Betreiber Robert und Leen eine eigenständige Disziplin ist. Das authentische altmodische Interieur erlaubt nostalgische Gedanken. Und wer mag, kann seine Behandlung mit einem Craft Beer begleiten.

Bliebe noch das zehnköpfige Team der Haarstylisten, das zu gewissen Extravaganzen neigt. Konkret tragen sie Künstlernamen wie Count Kani, Lausy Lau oder The Bearded Bastard und sehen aus wie das Ensemble aus einem nie veröffentlichten Film der Coen-Brüder. Die Barbiere sind einer auffälligen Bartmode nicht abgeneigt und sie denken nicht daran, ihre Tätowierungen zu verstecken.

So darf es kaum wundern, dass sie ihre Inspiration nicht nur aus dem Katalog klassischer Frisuren beziehen, sondern auch Kreativität beweisen. Das zieht eine Klientel an, die sich aus Rockern, Künstlern, selbsterklärten Vagabunden und Lebenskünstlern zusammensetzt. Einige Stimmen behaupten zudem, Schorem sei die Wiege des modernen Hipstertums. Während diese Behauptung kühn klingt und nicht verifizierbar ist, steht gleichermaßen fest, dass der Besuch ein unvergessliches Erlebnis ist.

Schorem · Nieuwe Binnenweg 104 · 3015 BD Rotterdam · Tel. +31 10 241 03 09
www.schorembarbier.nl · Di–Do 9–19, Fr 9–21, Sa 10–17 Uhr · Haarschnitt 39 Euro

Der Barbier-Salon Schorem in Rotterdam ist eine Stilikone.
Hier lässt sich der Hipster von Welt standesgemäß stylen.

Die Fußgängerbrücke ist ein verbindendes Element zwischen den Stadtteilen.
Mit Crowdfounding finanzierte man den knallgelben Überweg.

84

Eine Luftbrücke als Rettungsanker

Die Gegend östlich des Rotterdamer Hauptbahnhofs hat in den vergangenen Jahrzehnten unaufhörlich geblutet. Das Viertel wurde von mehreren Bahnlinien und von einer sechsspurigen Ausfallstraße durchschnitten, bis ihm findige Architekten gleich mit mehreren guten Ideen zur Hilfe kamen.

Die kreativen Köpfe von Zones Urbanes Sensibles (ZUS) arbeiteten mitten in der Stadt. Trotzdem fühlten sie sich isoliert, denn wann immer sie den Bahnhof oder andere urbane Orte aufsuchen wollten, galt es feindselige Verkehrsschneisen zu überwinden. Diese Situation wollten die Architekten nicht länger hinnehmen. Also haben sie sich an einem Wettbewerb für Stadtentwicklung beteiligt.

Ihre Idee: Sowohl die sechsspurige Schiekade (mit Straßenbahn) und die vier Bahngleise mit einem kühnen Projekt überbrücken. Dazu haben sie den Bau einer Holzkonstruktion angeregt, die Fußgängern fortan ermöglicht, ohne Ampeln vom Bahnhof Rotterdam Centraal in den Stadtteil Noord und von dort zum Viertel Binnenrotte zu gehen.

Im Restaurant De Jong (restaurantdejong.nl) im ehemaligen Bahnhof Hofplein gibt es vorzügliche Gemüseküche auf Gourmetniveau.

Einen Finanzierungsvorschlag haben sie direkt mitgeliefert: Die Rotterdamer sollten das Projekt selbst bezahlen – nicht mit Steuergeldern, sondern über Crowdfunding. Die Idee schlug ein. Mehr als 10 000 Bürger hatten für ihre Umsetzung 25 Euro übrig. Mit dem Geld ist jeweils ein Brett angeschafft worden, auf dem der Name des Spenders genannt wird. Der Vorschlag wurde realisiert. Und damit niemand den Neubau übersehen konnte, wurde die Brücke in kreischendem Gelb gestrichen.

2015 konnte die 390 Meter lange Brücke als eines der weltweit ersten auf die Weise finanzierten Stadtverschönerungsprojekte eingeweiht werden. Seitdem ist Rotterdam Noord aufgeblüht. Das trifft insbesondere auf den stillgelegten Bahnhof Hofplein zu, denn die Gewölbe der einstigen Hochbahn dienen nun coolen Geschäften und Restaurants als Ladenlokale. Das Dach dient im Sommer als Park.

Luchtsingel · Eingang Hofbogen/Raampoort · Raampoortstraat 34B
3032 AH Rotterdam · www.luchtsingel.org

85 Wo die Pilgerväter in See stachen

Die Rivalität zwischen den beiden größten Städten der Niederlande ist enorm: Amsterdam ist die museale Prachtstadt, die von ihrer Vergangenheit zehrt. Rotterdam versteht sich als Malocherstadt, in der die Zukunft schon jetzt stattfindet. Nur in einem kleinen Winkel gönnt sie sich ein nostalgisches Antlitz.

Wer sich Rotterdam nähert, erblickt unweigerlich eine Skyline. Zu Dutzenden ragen Wohn- und Bürotürme in den Himmel, was lyrisch veranlagte Zeitgenossen zu dem holprigen Vergleich »Manhattan an der Maas« inspiriert hat. Von der Erasmusbrücke über die Kubuswohnungen und den Euromast bis zur Fußgängerzone Lijnbaan und der Markthalle entspringen sämtliche Landmarken einem ausgeprägten Sinn für Modernismus.

Wer ein Gespür für Rotterdam und seinen alten Hafen erhalten möchte, sollte sich in der City ein Rad mieten.

Das ist nicht freiwillig so, denn die Deutschen haben die Hafenstadt im Zweiten Weltkrieg zu rund 90 Prozent zerstört. Doch nach bitteren Jahren haben die Rotterdamer dies als Chance begriffen, die Führungsrolle beim Aufbruch in die Zukunft zu übernehmen.

Vollständig verschwunden aber ist die Stadt von einst nicht: ein erster Vorbote ist ganz im Westen im Stadtteil Delfshaven die Windmühle »De Destillierketel«. Das Bauwerk wacht über die Einfahrt zu einem kleinen Geflecht aus Wasserstraßen, die unweit der Maasufer noch unauffällig sind. Weiter landeinwärts aber bauen sich entlang der Gracht Aelbrechtskolk plötzlich ehrwürdige Giebelhäuser auf. Es folgen alte Warenhäuser, und ja, das Gewässer wird von einer dieser herrlichen alten Zugbrücken überquert. Hier nun sind die Wohnhäuser schmal und scheinbar windschief, so wie in anderen Städten des Landes auch.

Der Hafen ist geschichtsträchtig, denn von hier aus sind am 21. Juli 1620 die Pilgrimväter zu ihrer Reise über den Ozean nach Amerika gestartet. Die gleichnamige Kirche erinnert an ihre Bedeutung. Außerdem ist hier der Seefahrer und spätere Volksheld Piet Hein zur Welt gekommen.

Pelgrimvaderskerk · Aelbrechtskolk 22 · 3024 RE Rotterdam · Tel. +31 10 477 41 56
www.oudeofpelgrimvaderskerk.nl · Fr, Sa 12–16 Uhr

Ein kleines Stück altes Rotterdam ist der Delfshaven.

Im einst verruchten Hafenviertel entstanden Initiativen wie die Fenix Food Factory.
An verschiedenen Ständen wird dort Street Food angeboten.

86

Street Food statt Seemannsgarn

Die glamouröse Markthalle in der City ist völlig zu Recht binnen kürzester Zeit zu einer Architekturikone aufgestiegen. Die Anbieter allerdings sind ziemlich kommerziell. Wer die wirklich spannenden Food-Trends aufspüren möchte, sollte Nieuw Maas und Rijnhaven überqueren.

Die Halbinsel Katendrecht war lange jener Ort auf der falschen Seite der Maas, wo Seemänner nach einer langen Überfahrt ihre ersten freien Minuten an Land verbrachten. Prostitution, schmuddelige Kneipen und das mittlerweile nicht mehr wegdenkbare Tattoo-Studio bestimmten den Alltag. Der Rotterdamer Hafen aber wurde immer weiter in Richtung Küste verlagert, bis schließlich künstliche Inseln ins Meer gebaut wurden.

Die »Nacht van de Kaap« vereint am ersten Septemberwochenende das alte und neue Katendrecht mit einem wunderbaren Volksfest.

Seitdem standen immer mehr Lagerhallen leer. In einer davon haben sich 2014 ein Dutzend kleinerer Gastronomen und andere Unternehmer zusammengetan, um ihre Produkte gemeinsam einem Publikum anzubieten, das dafür auch einen Umweg in Kauf zu nehmen bereit ist. Seitdem werden hier Kaffee gebrannt, typisch niederländische Stroopwafels gebacken und Bauernkäse aus der Region angeboten. Auch ein sympathischer Gemüsehändler und ein gut informierter Spezialist für Bücher gehören zum Portfolio. Unbestrittene Stars aber sind die Kaapse Brouwers: Die Mikrobrauerei ist für ihre unangepassten Rezepturen bekannt.

Kurzum: Die Fenix Food Factory hat ein Konzept vorweggenommen, das wenige Jahre später auch in vielen anderen Städten Anwendung gefunden hat: die Institutionalisierung des Street Food. In Rotterdam hat der Zuspruch alle Erwartungen übertroffen, denn sie hat dazu beigetragen, einen ganzen Stadtteil wiederzubeleben. Zwar wurde mit der neuen Rijnhavenbrug schon 2012 die Anbindung von Katendrecht für Fußgänger verbessert. Trotz der SS Rotterdam (S. 147) als neuer Attraktion aber hielt sich das Interesse zunächst noch in Grenzen. Nach der Eröffnung der Food Factory aber gab es kein Halten mehr.

Fenix Food Factory · Veerlaan 19D · 3072AN Rotterdam · www.fenixfoodfactory.nl
Di–Do 10–19, Fr 10–20, Sa 10–18, So 12–18 Uhr, Kaapse Brouwers Di–So 12–23 Uhr

Sound of Rotterdam: DJ im Maassilo

Tanzen im Getreidespeicher

87

Rotterdam hat sich den Ruf erarbeitet, eine Hochburg für ausgelassene Partys zu sein. Während die Locations mitunter kurios sind, waren die Sounds historisch unsanft. Heute ist das Nachtleben ein Stück gesitteter, aber deswegen keineswegs langweilig.

Es passt zum rauen Charme Rotterdams, sich als Hochburg von House und Techno zu fühlen. Streng genommen verdankt die Welt der Stadt sogar ein weithin berüchtigtes Subgenre, den sogenannten Gabber-House. Mit 150 bis 200 Beats pro Minute polterten die Tracks in den 90er Jahren durch riesige Hallen, die mit bis zu 20 000 ekstatischen Ravern gefüllt waren. Von den begleiteten CDs gingen Millionen über die Ladentheken.

Doch Rotterdam wusste auch in intimerem Rahmen gut zu feiern. Legendär ist etwa der Watt-Club, der 2008 als weltweit erste Öko-Disco in die Geschichte einging, weil er bis zu 30 Prozent seiner Energie aus einer Tanzfläche bezog, die Bewegung in Strom umwandeln konnte. Der »Toffler« befördert derweil seine Gäste sprichwörtlich in den Underground, da er sich in einer echt beengten ehemaligen Fußgängerunterführung befindet.

Aktuell kräftigster Magnet aber ist das Maassilo, ein ausgemusterter Getreidespeicher aus dem Jahr 1911 am alten Maashafen. Der ebenso massive wie graue Betonblock mutet von außen fast ein wenig bedrohlich an. Von innen aber erfüllt er mit abgerocktem Industrieambiente und fetten Anlagen für Sound und Licht die Anforderungen des Zeitgeists: Seit 2004 beherbergt der Bau nicht weniger als 15 Säle, die zu unterschiedlichen Zwecken gebucht werden können.

Dazu gehören natürlich auch Club-Events. Die sind nicht mehr ganz so wild wie in den 90ern und laufen heute als »Psychedelic Rave« oder »Glow in the Dark«. Dafür aber können DJs auf mehreren Floors auflegen, neuerdings auch im »Now & Wow Club« in der zehnten Etage. Auch wer nicht im Verdacht steht sich die Nächte um die Ohren zu schlagen, kann einen Blick ins Programm riskieren: Im Maassilo treffen sich auch Street Food-Anbieter oder Tätowierer, um ihr eigenen Spezialpublikum zu bedienen.

Maassilo · Maashaven Zuidzijde 1–2 · 3081 AE Rotterdam
Tel. +31 10 476 24 52 · www.maassilo.com

88

Ein Unfall mit Folgen

Ein merkwürdiger Zwischenfall hat den heutigen Leiter des Naturhistorisch Museum in Rotterdam auf die Idee gebracht, ausgestopfte Tiere in der Position ihres Todesmoments auszustellen. Das früher eher spärlich besuchte Haus ist dadurch plötzlich zum Publikumsmagneten geworden.

Als er im Juni 1995 seinen Dienst im Naturhistorischen Museum zu Rotterdam tat, hörte Kees Moeliker ein merkwürdiges Geräusch. Als er draußen vor der Tür nachsah, bestätigte sich sein Verdacht: Eine Ente war gegen die Glasfassade geflogen und dabei tödlich verunglückt. Doch damit war das Schicksal des männlichen Tiers noch nicht endgültig besiegelt. Moeliker staunte nicht schlecht, als er Zeuge wurde, wie eine andere männliche Ente sich an dem toten Artgenossen verging.

Moeliker beschrieb seine Beobachtungen später in einem wissenschaftlichen Essay als »ersten Akt einer nekrophilen Vergewaltigung unter Enten«. Den Kadaver des unglückseligen Opfers hatte er zuvor ausstopfen lassen. Er sollte das erste Exponat einer höchst ungewöhnlichen Ausstellung werden, die heute der Publikumsmagnet des 1927 eröffneten Museums ist, das 400 000 Objekte ausstellt.

Moeliker und sein Team haben sich über die Jahre darauf spezialisiert, Tiere so auszustellen, wie sie zu Tode gekommen sind. Aufgebahrt in einer Vitrine ist zum Beispiel ein Igel, der den weggeworfenen Eisbecher einer Fastfood-Kette auslecken wollte. Diese aber sollte zu einem Gefängnis werden, aus dem sich das stachelige Wesen nicht mehr befreien konnte. Daneben: eine Maus, die im niederländischen Parlamentsgebäude in eine Falle gegangen ist. Jüngste Attraktion ist ein Eisvogel, der beim Tauchen eingefroren ist. Für dieses seltene Stück hat das Museum eigens eine gläserne Gefriervitrine anfertigen lassen.

Das Ganze mag makaber klingen, regt aber zum Nachdenken an. Schließlich ist es stets der Mensch, der in irgendeiner Weise für das Ableben der Tiere verantwortlich ist.

Het Natuurhistorisch · Westzeedijk 345 (Museumpark) · 3015 AA Rotterdam
Tel. +31 10 436 42 22 · www.hetnatuurhistorisch.nl · Di–So 11–17 Uhr · Eintritt 7 Euro

Kuriositäten im Museum: ein Eisvogel, der beim Tauchen eingefroren wurde.

Vinyl lebt! Das beweist der Plattenladen »de Plaatboef« und weitere in Rotterdam.

High Fidelity am Nieuwe Binnenweg

89

Vinyl lebt! Daran haben sie am Nieuwe Binnenweg in Rotterdam auch von 2000 bis 2010 geglaubt, als die Schallplatte dasselbe Schicksal erlitten zu haben schien, wie die Dinosaurier. So ist der Plaatboef (was so viel wie Plattengauner bedeutet) seit rund 40 Jahren erste Anlaufstelle für Musikfreaks.

Wer den Laden betritt, fühlt sich in eine andere Zeit zurückversetzt: überall im Erdgeschoss stehen gut sortierte Kisten mit Schallplatten. Die Gänge sind nur so breit wie unbedingt nötig. Der Weg zur Kasse wird von ein paar Treppenstufen erschwert – und aus den Lautsprechern erklingen die Songs von Velvet Underground oder Nick Cave. Doch auch wenn die Präferenzen des Personals offensichtlich sind, wirkt sich das nicht auf das Sortiment aus: Der Plaatboef führt Indie, World-Music, Hiphop, klassischen Rock und so ziemliche jede andere Stilrichtung.

Mit seinen Geschäften, Cafés und Galerien ist der 2 Kilometer lange Nieuwe Binnenweg die vielleicht interessanteste Straße Rotterdams.

Die Neuware ist von enzyklopädischer Vollständigkeit. So richtig interessant aber wird der Beutezug für Vinylsammler im noch engeren Obergeschoss, wo die Kisten mit gebrauchten Schallplatten auch auf dem Boden unter den Regalen stehen – und wenn kein da Platz mehr ist, wird der Gang vollgestellt. Los geht es mit Preisen um die fünf Euro, wobei die Skala nach oben offen ist. Weil sich die Liste der verehrten Helden von Land zu Land geringfügig unterscheidet, machen sich Sammler aus den deutschsprachigen Ländern hier gerne auf Schnäppchenjagd.

Auch wer nichts kauft, kann in dem Laden seinen Spaß haben: Ähnlich wie in Nick Hornbys Roman »High Fidelity« dient das Schallplattenfachgeschäft auch als Treffpunkt für Nerds, die hier ihre Freizeit mit Fachsimpelei über seltene Japanpressungen oder farbiges Vinyl verbringen. Im Plaatboef muss der Einkaufsbummel nicht enden: mit dem Demonfuzz Recordstore (Nieuwe Binnenweg 86), Velvet Music (Oude Binnenweg 121A) und Vinylspot (Josephstraat 162) befinden sich drei weitere Läden in der Nähe.

De Plaatboef · Nieuwe Binnenweg 81A · 3014 GE Rotterdam
Tel. +31 10 436 5873

Für seine Austern und Miesmuscheln ist Yerseke bekannt.

Schwarzes Gold im Muscheldorf Yerseke

90

Im Hafen von Yerseke herrscht jedes Jahr Anfang Juli geschäftiges Treiben: Männer springen von Kutter zu Kutter, auf denen Berge von Miesmuscheln lagern. Dann eilen sie mit einem Eimer in der Hand in einen großen, nüchternen Flachbau. Es ist das Gebäude der weltweit einzigen Muschelversteigerung.

Hier wird die lebende Ware eingehend von Hand geprüft, bevor sie in die Auktion kommt: Größe, Gewicht, Qualität, sogar der Geschmack wird bewertet. In der Auktionshalle sitzen die Fischer später gespannt hinter den Händlern und verfolgen, was ihre Schiffsladung einbringt. Denn der meistbietende Händler bekommt den Zuschlag für die gesamte Ladung.

Touristen können das aufwändige Verfahren rund um die Muschelversteigerung nur einmal im Jahr im August beim »Muscheltag« verfolgen, einem Festwochenende mit Informationen zur Muschelzucht, Bootsfahrten und Verkostungen. Yerseke bietet aber auch jenseits des »Mosseldags« das ganze Jahr über die Möglichkeit, in die Kultur der Miesmuschel- und Austernzucht einzutauchen.

Am besten starten Besucher in der »Oesterij«: das Familienunternehmen ist seit 1906 in der Muschelzucht aktiv und präsentiert sich neuerdings als Informationszentrum rund um die Schalentiere. In der dortigen »Proeverij« gibt es Kostproben der Produkte. Auf die einfachen Holztische kommen Austern, Muscheln und Hummer in vielfältiger Zubereitung. Während der Verkostung können die Gäste die Aussicht auf die umliegenden Austernbrunnen genießen, im Sommer auch von der Terrasse aus. Anschließend können sie an einer Führung durch das Unternehmen oder an einer Bootsfahrt zu den Muschelbänken teilnehmen.

Wer sich darüber hinaus für die Geschichte der Muschel- und Austernkultur interessiert, sollte das kleine »Oosterschelde Museum« beim Tourismusbüro auf dem Kirchplatz besuchen. Und natürlich zum Abschluss eines Miesmuscheltages in eines der Restaurants gehen, die nicht nur für einen derart kleinen Ort wie Yerseke überraschend zahlreich sind.

Oesterij · Havendijk 12 · 4401 NS Yerseke · Tel. +31 113 76 04 00 · Geschäft Mo–So 10–18 Uhr, Proeverij (Verkosterei) Mo–So 10–18 Uhr · www.oesterij.nl

91

Ein Weltwunder gegen das Wasser: die Deltawerke

Wohl an kaum einem anderen Ort wird die Beziehung der Niederländer zum Wasser so deutlich wie in den Deltawerken und dem Park Neeltje Jans: Man bekämpft das Meer und man nutzt es, man bändigt es und spielt mit ihm. Der Bau des technischen Weltwunders war Folge der verheerenden Sturmflut von 1953.

Wer über einem der mächtigen Stahltore steht und hinunter blickt auf das tosende Wasser, den ergreift Ehrfurcht. Mitten in die tobende See hat man das Sperrwerk gebaut. Mit Toren, die bei Gefahr die Oosterschelde komplett vom Meer abriegeln können, die aber im Normalfall so viel Meerwasser wie möglich durchlassen, um die Zufuhr in die Oosterschelde zu garantieren. Zudem fungiert die auf dem Wehr errichtete Straße als Verbindung zwischen den Inseln Schouwen-Duiveland und Noord-Beveland. Man kann nur staunen über eines der größten Bauprojekte der Welt, das im Herbst 1986 nach acht Jahren Bauzeit und Gesamtkosten von umgerechnet 2,5 Milliarden Euro durch die damalige Königin Beatrix eröffnet wurde.

Im Orkansimulator von Neeltje Jans erfahren Besucher die Kraft der Natur: vom lauen Lüftchen bis zur Windgeschwindigkeit von 133 Stundenkilometern.

Noch heute kommen Fachleute aus aller Welt, um sich das technische Wunderwerk anzusehen. Auch Touristen können die Deltawerke besichtigen. Eine durch historische Filme ergänzte Ausstellung beleuchtet die Beweggründe für den Bau nach der Sturmflut von 1953 mit 1835 Toten allein in den Niederlanden ebenso wie die Planungen und die Umsetzung des geradezu wahnwitzig anmutenden Projektes. Es gibt Führungen in deutscher Sprache, oftmals durch pensionierte Ingenieure.

Während die Deltawerke den Kampf gegen das Wasser veranschaulichen, zeigt der angrenzende Wasserpark »Neeltje Jans«, wie das nasse Element auch Spaß machen kann. Der Vergnügungspark bietet u. a. einen Wasserspielplatz, wo junge Besucher ihren eigenen Wasserfall kreieren, Schleusen bedienen, Wasser wegpumpen oder einfach nur jauchzend eine lange Wasserrutsche hinuntergleiten können.

Deltapark Neeltje Jans · Faelweg 5 · 4354 RB Vrouwenpolder · April bis Oktober, tägl. 10–17 Uhr, Hochsaison 10–18 Uhr · www.neeltjejans.nl/de/

Technisches Weltwunder: Das Deltasperrwerk in Zeeland

Mit einer App kann man der Perlenroute in Zeeland folgen.

Neue Wanderwege: Unterwegs auf der Perlenroute

92

Wem die kilometerlangen Strände Zeelands zum Wandern nicht genügen, dem seien die Perlenrouten (»Parelroutes«) empfohlen, welche die Provinz kürzlich entwickelt hat. Bei den drei bis fünf Kilometer langen, interaktiven Spaziergängen gilt es diverse Aufgaben zu lösen – ganz wie bei einer Schnitzeljagd.

Zum Teil nutzen die Touren das bereits bestehende zeeländische Wanderwegenetz, sie erschließen aber auch neue Wege. Alle Teilabschnitte zusammen ergeben eine lange Route: den »Oesterpad« (Austernweg), der daran erinnert, dass Zeeland ein Land im Meer ist und von den Schätzen der See lebt, von Austern, Muscheln und Hummern.

Die Perlenrouten haben nicht notwendigerweise nur Schalentiere zum Thema. Vielmehr sollen die Touren mit der Geschichte, der Natur und dem Charakter der Provinz vertraut machen. So können Nachwuchsschmuggler rund um Overslag ihr Talent erproben oder in Terneuzen auf den Spuren einer bekannten zeitgeschichtlichen Figur wandeln: Der kleine Ort war der Heimathafen des legendären »Fliegenden Holländers« aus dem 1837 erschienenen Roman »The Phantom Ship« (Das Geisterschiff) des britischen Autors Frederick Marryat.

Seitdem lebt die Legende hier fort, und wer auf der 4,5 Kilometer langen Perlenroute in Terneuzen unterwegs ist, passiert unter anderem ein stählernes Geisterschiff auf der Stadtgracht. Naturliebhaber hingegen folgen der fünf Kilometer langen Perlenroute »Zeepeduinen«, die durch das gleichnamige Dünengebiet bei Burgh-Haamstede führt. Die Zeepeduinen liegen einige Kilometer vom Meer entfernt. Sie sind eines der wenigen landeinwärts gelegenen Dünengebiete, die unbeeinträchtigt von Landwirtschaft, Städtebau oder der Pflanzung von Nadelhölzern geblieben sind. Wanderer finden dort eine abwechslungsreiche Landschaft mit Wald, Grasland, Moosflächen und Sand vor. In dem Dünengebiet grasen 90 Shetlandponys. Die Zeeland-App mit Karten und Info zu den Perlenrouten gibt es auch auf deutsch.

Die Karten für die einzelnen **Perlenrouten** mit Routenbeschreibung können über die Zeeland-App heruntergeladen werden. Kurze Filme geben Hinweise zu den jeweiligen Touren · www.vvvzeeland.nl/de/perlenrouten

93 Meeresgemüse: salzige Genüsse aus der See

Zeeland hat sich als Heimat von Miesmuscheln, Austern und Hummern einen Namen gemacht. Aber kaum jemand weiß: auch für Vegetarier hat die Provinz kulinarische Schmankerln zu bieten. Queller und Strandaster sind Wildpflanzen, die schon bei der Ernte gesalzen sind, weil sie in Meerwasser wachsen.

Eine befreundete Vegetarierin verzog entsetzt das Gesicht, als ich ihr von Lamsoor als zeeländischer Delikatesse vorschwärmte: Erschien ihr doch bei dem niederländischen Begriff für die deutsche Strandaster ein niedliches Lämmerohr vor Augen. Doch die Niederländer bezeichnen mit Lamsoor ein garantiert fleischfreies Meeresgemüse, das allerdings der Form nach tatsächlich dem Hörorgan eines Jungschafes gleicht. Ich hatte ebenfalls noch nie von Lamsoor gehört, bevor es ein zeeländischer Koch als Beilage zu einem Kabeljau servierte – und mich damit sofort am Angelhaken hatte. Denn das an Feldsalat oder Spinat erinnernde, von Natur aus salzige und somit vorgewürzte Meeresgemüse brachte die Wonnen der See auf den Teller. Strandastern gedeihen im Marschland der Küste, wo der Boden salzhaltig ist. Die Saison läuft nur kurz, von April bis Juli. Während sie früher als Arme-Leute-Essen galten, sind die grünen Blätter heute eine Delikatesse, die längst von den (Sterne-) Köchen Zeelands wiederentdeckt worden ist. Als Beilage zu Fisch sind die Lamsoren ebenso schmackhaft wie als Salat oder in einer herzhaften Quiche.

Beim Landwirtschaftsbetrieb Heerlijkheid Wolphaartsdijk kann man im Hofladen Meeresgemüse kaufen und auch campen. www.heerlijkheid-wolphaartsdijk.nl

Bekannter als die Strandaster ist auch in Deutschland inzwischen der Queller. Das Meeresgemüse erinnert an eine Art Kaktus, allerdings ohne Stacheln. Queller gedeiht auf salzhaltigen Böden der Küste, was ihm seinen typischen Geschmack verleiht. Die Saison läuft von Mitte Mai bis Mitte September, dann bekommt man das Meeresgemüse in Fischgeschäften und auf den Märkten Zeelands; in den Restaurants serviert man den Queller auch als Beilage.

Fischgeschäft Proef Zeeland · Faelweg 1 (in der Nähe des Deltaparks)
4354 RB Vrouwenpolder · Mo–Sa 9–17 Uhr, www.proefzeeland.nl

Queller ist ein schmackhaftes Meeresgemüse aus Zeeland.

Stilvolle Herberge voller Historie: Hotel »Campveerse Toren« in Veere

94

Herberge für gekrönte Häupter und kreative Geister

Die über 500 Jahre alte Festung des zeeländischen Städtchens Veere fungierte bereits im Jahre 1440 als Stadtherberge. Heute ist das Romantikhotel »Campveerse Toren« Mittelpunkt des Städtchens, das einen pittoresken Ortskern und einen belebten Hafen hat. Über die Jahrzehnte beherbergte das Hotel zahlreiche Prominente.

Nähkästchen-Geplauder gefällig? Es begab sich einst, dass wir mit einer Reisegruppe unterwegs waren. Eine chronisch nörglerische und missgünstige Person war mit von der Partie. Wir checkten im Romantikhotel »De Campveerse Toren« ein, und als wir uns alle wieder zum Aperitif trafen, mäkelte die Dame, dass sie zwar ein hübsches Zimmer, aber leider keine Aussicht auf das Veerse Meer habe. Wir schwiegen und nippten an unserem Drink. Hatten wir doch durch einen glücklichen Zufall (wirklich!) die Hochzeitssuite ergattert – mit Blick auf die blaue Weite des Wassers zu beiden Seiten.

Die Hummersaison läuft vom letzten Donnerstag im März bis zum 15. Juli. Viele Restaurants bieten Menüs zum Festpreis von 59,90 Euro für drei Gänge an.

Berühmte Vorgänger hatten wir, welche die Vorzüge des stilvoll eingerichteten, von Hendrina van Cranenburgh in Familientradition geführten Hauses offenbar an andere Promis weitergaben. Eine der ersten war Charlotte de Bourbon. Jene französische Prinzessin feierte im Kaminzimmer am 21. Juni 1575 ihr Hochzeitsfest mit dem Prinzen Willem von Oranje, dem späteren König der Niederlande. Prinz Rainier von Monaco und seine Frau Prinzessin Grazia Patricia ließen sich hier am 30. Juni 1958 beköstigen. Natürlich kamen auch die niederländischen Majestäten, die damalige Königin Beatrix, ihr Sohn und heutiger König Willem Alexander sowie dessen Frau Maxima, nach Veere.

Kreativ veranlagte Gäste finden ebenfalls Vorbilder: Künstler wie Charley Toorop bannten von hier aus das besondere Licht der Küstenprovinz auf ihre Leinwand. Und Charles de Coster schrieb in der Festung Teile seines bekannten Werks »Till Eulenspiegel«, in dem Till im letzten Teil Wächter der Campveerse Toren ist.

Romantik Hotel Auberge de Campveerse Toren · Kaai 2 · 4351 AA Veere
kostenpflichtiger (öffentlicher) Parkplatz · www.campveersetoren.nl

95

Ein Museum als Mahnmal

Das Watersnoodmuseum (Sturmflutmuseum) in Ouwerkerk erzählt auf berührende Weise die Geschichte der Sturmflut von 1953, der allein in den Niederlanden 1835 Menschen zum Opfer fielen. Der Blick geht allerdings nicht nur zurück: Künftige Wasserschutzmaßnahmen spielen ebenfalls eine Rolle.

Koos Hage war sechs Jahre alt, als ihn seine Eltern in der Nacht vom 31. Januar 1953 um 3 Uhr morgens weckten: Das Wasser um sie herum stieg und stieg, der Junge flüchtete mit seinem Vater und Bruder aus dem Haus in Stavenisse zu Nachbarn, die in einem höher gelegenen Haus wohnten. Seine Mutter und seine Schwester wollten noch ein paar Sachen packen und dann nachkommen. In der Nacht brachen die Deiche. Am nächsten Morgen erfuhr Koos Hage, dass Mutter und Schwester ertrunken waren.

Es sind Augenzeugenberichte wie der von Koos Hage, die in den verschiedenen Ausstellungsräumen zu sehen und hören sind und die den Besuch des Watersnoodmuseums zu einem anrührenden Erlebnis machen. Das Museum befindet sich in vier Phoenix-Senkkästen aus Beton, die verwendet wurden, um das letzte Loch im Deich bei Ouwerkerk abzudichten. Besucher entdecken in jedem dieser Senkkästen eine andere Geschichte. So sehen Sie beispielsweise in einem der Räume eine ergreifende Bildgeschichte der Flut und in einem anderen erfahren Sie etwas über die von der Katastrophe betroffenen Menschen. Auch der Wiederaufbau nach der Flut, der Deichbau und Schutzmaßnahmen für Zukunft sind Themen. Ergänzt wird das Angebot durch Wechselausstellungen. Es gibt eine deutschsprachige Audiotour.

Direkt am Watersnoodmuseum startet die drei Kilometer lange Watersnood-Route, bei der es einer Schnitzeljagd gleich Fragen zu beantworten gilt.

Besucher des Museums sollten auch das Buchten-Gebiet in der Umgebung erkunden. Reizvolle Wanderrouten befinden sich etwa zwischen Ouwerkerk und Zierikzee sowie zwischen Ouwerkerk und Bruinisse. Man kann außerdem ein Kanu mieten und durch die wasserreiche Landschaft paddeln.

Watersnoodmuseum · Weg van de Buitenlandse Pers 5 · 4305 RJ Ouwerkerk
Tel. +31 111 644 382 · Mo–So 10–17 Uhr · www.watersnoodmuseum.nl

Am 31. Januar 1953 brachen in Zeeland in der Nacht die Deiche.
Der Sturmflut fielen allein in den Niederlanden 1835 Menschen zum Opfer.

Lese im Weingarten »De kleine Schorre« in Zeeland.

Ein guter Tropfen aus dem Weingarten

96

Wein aus Zeeland? Da mag mancher Connaisseur die Mundwinkel verziehen. Doch in einem Weingarten auf Schouwen-Duiveland bauen Winzer erfolgreich Wein an – der in Nobelrestaurants ausgeschenkt wird und es sogar in die Business-Class der niederländischen Fluggesellschaft KLM geschafft hat.

Wie so oft bei guten Ideen begann alles in geselliger Runde – bei einem Schnaps. Kartoffelbauer Johan van der Velde saß mit Freunden zusammen und man klagte über die schlechten Geschäfte der Landwirte. »Bau doch Wein an«, riet einer aus dem Klübchen. Und Johan ließ die Idee nicht mehr los. Er ging beim renommierten luxemburgischen Winzer Cep d'Or in die Lehre und 2001 gründete er mit fünf anderen Unternehmern das Weingut »De Kleine Schorre«. Da es in den Niederlanden bekanntlich an Bergen mangelt, nannte er es einen Weingarten. Die Auswahl der Rebsorten folgte der Devise, dass die Trauben optimal zu den »Zeeuwse Zilte Zaligheden« (herzhafte Köstlichkeiten Zeelands) passen sollten: nämlich zu Muscheln, Hummern, Austern, Fischen und Meeresgemüse wie Strandaster oder Queller. Man wählte daher die Sorten Pinot Gris, Pinot Blanc, Rivaner und Auxerrois.

Der Weingarten ist mittlerweile auf zehn Hektar angewachsen und damit einer der größten seiner Art in den Niederlanden. Die Qualität hat sich rumgesprochen, spätestens seit der Tropfen in der Business Class der niederländischen Fluggesellschaft KLM ausgeschenkt wurde. Bei der Lese helfen Freiwillige aus der Umgebung. Und auch sonst ist die Struktur des florierenden Unternehmens eine Besondere: Neben den fünf Teilhabern sind 25 Zertifikat-Besitzer am Weingut beteiligt, die für eine gewisse Laufzeit Weinstöcke leasen.

Besucher des Weingartens können an Verkostungen in der Scheune aus dem Jahr 1735 teilnehmen oder im Sommer ein Mittagessen auf der Terrasse genießen. Es gibt außerdem einen Hofladen mit zeeländischen Spezialitäten. Und wer nach ein paar Gläschen Wein nicht mehr fahren möchte, kann sein Zelt auf dem zum Weingut gehörenden Campingplatz aufschlagen.

Wijnhoeve De Kleine Schorre · Zuiddijk 4 · 4315 PA Dreischor · Tel. +31 111 40 15 50
Probierlokal Do–So 9–18 Uhr · www.dekleineschorre.nl

97 Eine Premiere: Die Kurorte Domburg und Cadzand

Die Niederlande haben eine lange Tradition als Stranddestination: bereits zu Römerzeiten gab es eine Badekultur an der Nordseeküste. Da überrascht es, dass es bis Anfang des Jahres 2014 dauerte, bis der Europäische Heilbäderverband den Niederlanden die ersten beiden Kurorte zuerkannte.

Cadzand und Domburg erfüllen demnach die hohen Kriterien als Heilbad. Das hat zum einen mit der Seeluft zu tun: Sie ist pollenarm und feucht und daher gut für Allergiker sowie für Patienten, die unter Atemwegerkrankungen leiden. Zum anderen hob der Heilbäderverband die Zusammensetzung des zeeländischen Meerwassers hervor, die es offiziell zu »Heilwasser« macht. Es ist reich an Salzen und Mineralien und zeigt besonders bei Hautkrankheiten, Blutdruckproblemen, Magenbeschwerden und Rheuma seine wohltuende Wirkung. Neben diesen beiden Kriterien sind es auch die Therapie-, Wellness- und Freizeitangebote, welche die beiden Orte zu Vorreitern machen.

So führt ein Barfußpfad durch das Naturgebiet Het Zwin, das sich von Cadzand bis zum belgischen Ort Knokke erstreckt und auch geführte Spaziergänge durch die einmalige Landschaft werden auf beiden Seiten der Landesgrenze angeboten. In Cadzand werden Kurse wie Strandyoga und -meditation angeboten. Auch bei der Ernährung punkten Cadzand und Domburg: Fisch, Meeresfrüchte und Meeresgemüse aus den Gewässern Zeelands enthalten Omega-3- und 6-Fettsäuren, wichtige Antioxidanten, Iod, Natrium, Eisen Calcium, Magnesium sowie die Vitamine A, C und E.

Seit Beginn des 19. Jahrhunderts erblühte der Badetourismus in der Region, und im Jahre 1866 begann der Bau des »Badhuis« und eines Hotels in den Dünen von Cadzand. Die fortschrittlichen Behandlungsmethoden von Dr. Johann Georg Mezger, der ab 1894 in Domburg wirkte und als Begründer der modernen Physiotherapie gilt, lockte Prominenz an: etwa die rumänische Königin, an die heute die Villa gleichen Namens hoch auf den Dünen Domburgs erinnert.

Badhotel Domburg · Domburgseweg 1A · 4357 BA Domburg
Tel. +31 118 58 88 88 · www.badhotel.com

Malerisches Domburg: »Het Badpaviljoen«

Der typisch zeeländische Knopf erlebt eine Renaissance.

Der zeeländische Knopf

98

Wie in allen Touristenregionen haben die Museumsshops und Andenkenläden der Provinz Zeeland mehr oder weniger geschmackvolle Souvenirs zu bieten – von Schlüsselanhängern mit Klompen bis zu mannshohen Windmühlen-Vasen ist alles dabei. Eine knopfartige Form in verschiedensten Größen sticht aus dem Einerlei hervor.

In der traditionsbewussten und teilweise noch stets religiös geprägten Provinz Zeeland trugen viele Einwohner bis Mitte des 19. Jahrhunderts noch regelmäßig ihre Trachten. Heute sind die weißen Hauben, Ohreisen und Schürzen im Schrank verschwunden. Nur in den Heimatmuseen kann man noch sehen, wie die Menschen früher gekleidet waren. Jede Insel und Region, ja sogar manches Dorf hatte eigene Kleidungs- und Schmuckstücke. Zu Festtagen trug man eine andere Tracht als im Alltag, und es gab sogar eine spezielle Trauertracht.

Was die Trachten verband, war der zeeländische Knopf. Im 18. Jahrhundert zierten die Knöpfe die Hemdkragen der Bauern. Um 1870 erhielt der Knopf die Form, die er auch heute noch hat: mit einer großen Wölbung in der Mitte, die umringt ist von kleineren gewölbten Kreisen. Als die Trachten aus dem Straßenbild verschwunden waren, drohte auch der zeeländische Knopf verloren zu gehen. Doch seit einiger Zeit taucht er immer häufiger wieder auf: als Brosche, Ohrschmuck oder Kettenanhänger, als Seife, Lakritz oder Schokolade, als Fahrradklingel oder auch als Backform für Kuchen.

Erhältlich ist der zeeländische Knopf in den meisten Andenkenläden der Provinz, in Museumsshops, bei Juwelieren oder bei den örtlichen Tourismusbüros, den VVV-Inspirationspunkten in den größeren Orten Zeelands. Der größte von ihnen ist die Dependance in Domburg. Hier kann man den Knopf in verschiedenen Variationen ebenso käuflich erwerben wie weitere zeeländische Produkte. Außerdem erhalten Touristen hier Informationen rund um Domburg und Umgebung – übrigens auch außerhalb der Öffnungszeiten, denn ein Bildschirm mit Infos steht 24 Stunden am Tag zur Verfügung.

VVV-Inspirationspunkt Domburg · Schuitvlotstraat 32 · 4357 EB Domburg
Tel. +31 118 58 34 84 · geöffnet Mo–Fr 10–17 Uhr, Sa 11–15 Uhr · www.vvvzeeland.nl

99 Wo Mondrian malte: Domburg als Künstlerkolonie

Nicht nur für Sonnenanbeter ist der Badeort Domburg interessant. Kunstfans können hier den Spuren Piet Mondrians (1872–1944) folgen. Das örtliche Tourismusbüro hat eine Broschüre mit einem Mondrian-Spaziergang herausgegeben. Und auch die Werke anderer bedeutender Künstler sind hier zu bewundern.

Um die Jahrhundertwende reisten zunehmend betuchte Bürger und Adlige zum Urlaub an die Nordseeküste – und mit den wohlhabenden Gästen kamen die Künstler. Angelockt vom einzigartigen Licht sowie der Landschaft, zogen Anfang des 20. Jahrhunderts Maler wie Jan Toorop (1858–1928) und Piet Mondrian zeitweise nach Domburg. 1908 verbrachte letzterer den Quellen zufolge erstmals zwei Wochen in dem Badeort und blieb mit Unterbrechungen bis 1916 dort. Hier entwickelte der aus dem kleinen Städtchen Amersfoort (bei Utrecht) stammende Mondrian seinen Stil vom figurativen hin zum abstrakten. Berühmt ist sein Gemälde der Windmühle am Ortsrand von Domburg, die er knallrot vor blauem Hintergrund abbildete. Die restaurierte Mühle ist sonntags von 8 bis 12 Uhr zu besichtigen.

In der Nähe von Domburg hat 2018 ein nachhaltiges Hotel in den Dünen eröffnet. Duinhotel Tien Torens Duinweg 36 · Zoutelande · www.duinhoteltientorens.nl

Spaziergängern bietet sich von den Dünen Domburgs aus heute noch derselbe Blick, den Mondrian im Jahre 1909 unter dem Titel »Aussicht aufs Meer« verewigte. Auf der Promenade steht die Mondrian-Bank, die in seinen typischen Primärfarben gestrichen ist. Unbedingt sollten Liebhaber der Malerei zum Naturgebiet »De Manteling« spazieren: In dem Eichenwald mit den knorrigen Bäumen fand Piet Mondrian Ruhe und Inspiration. Im Kunstmuseum Marie Tak van Poortvliet im Ortszentrum ist leider kein einziges Original des prominenten Einwohners zu sehen. Dennoch lohnt ein Besuch wegen der liebevoll kuratierten Ausstellungen. Übrigens ist das im Jahre 1994 eröffnete Museum eine exakte Kopie jenes Hauses, in dem Anfang des 20. Jahrhunderts Künstler wie Mondrian und Toorop ihre Werke präsentierten.

Marie Tak van Poortvliet Museum · Ooststraat 10a · 4357 BE Domburg · Tel. +31 118 58 46 18
Di–So 13–17 Uhr · www.marietakmuseum.nl

Die Mondrian-Bank lädt beim Kulturspaziergang in Domburg zur Rast ein.

Register

Natur

Einkaufen

Übernachten

Essen und Trinken

Freizeit und Familie

Kunst und Kultur

Überraschendes

Impressum

Verantwortlich: Annika Wachter
Lektorat/Satz: ecotype Publishing Services
Repro: LUDWIG:media
Umschlaggestaltung: Ralph Hellberg
Kartografie: Kartographie Huber, Heike Block
Herstellung: Alexander Knoll
Printed in Slovenia by Florjancic

★★★★★

Sind Sie mit diesem Titel zufrieden? Dann würden wir uns über Ihre Weiterempfehlung freuen.
Erzählen Sie es im Freundeskreis, berichten Sie Ihrem Buchhändler oder bewerten Sie bei Onlinekauf.
Und wenn Sie Kritik, Korrekturen oder Aktualisierungen haben, freuen wir uns über Ihre Nachricht an Bruckmann Verlag, Postfach 40 02 09, D-80702 München oder per E-Mail an lektorat@verlagshaus.de.

Unser komplettes Programm finden Sie unter www.bruckmann.de

Alle Angaben dieses Werkes wurden von den Autoren sorgfältig recherchiert und auf den aktuellen Stand gebracht sowie vom Verlag geprüft. Für die Richtigkeit der Angaben kann jedoch keine Haftung übernommen werden. Sollte dieses Werk Links auf Webseiten Dritter enthalten, so machen wir uns die Inhalte nicht zu eigen und übernehmen für die Inhalte keine Haftung.

Bildnachweis: Alle Bilder stammen von Alexandra und Ralf Johnen, außer:
Anjès Gesink: S. 115; Boerderij Polderzicht: S. 72 u.; Den Haag Marketing: S. 126, 128 u., 130, 133, 140, 143; Ernest Selliger: S. 88; Félice Hofhuizen: S. 27 (2); Fred's Verhuur: S. 72 o.; Friesland Marketing (Hans Jellema): S. 16; Friesland Marketing: S. 41, S. 45 (2); Gemeente Katwijk: S. 104; Hessel: S. 19; Indigo Hotels: S. 128 o.; Jan Bijl: S. 155 (2); Jeroen Struving: S. 103 u.; Leeuwarden-Friesland 2018: S. 35 (2); Leiden Marketing: S. 94 (u.), Marketing Groningen: S. 55, 61, 62 u., 64; Marketing Groningen (Jan Zeeman): S. 62 o.; mauritius: S. 177; mauritius/BY: S. 33; mauritius/Frans lemmens: S. 46; mauritius/Gerrit de Heus: S. 72 u.; mauritius/imageBROKER, Karl Schöfmann: S. 189; mauritius/Marcel Mooij: S. 173; mauritius/Mieneke Andeweg-van Rijn: S. 7; mauritius/Nico van Kappel: S. 118; mauritius/Nora Frei: S. 91; mauritius/Rudmer Zwerver: S. 84 u.; mauritius/Thomas Haupt: S. 185; mauritius/van der Meer Rene: S. 14; Museum Escher in het Paleis: S. 125; NBTC Holland Marketing: S. 10 (2), 30, 33, 46, 52 (2), 71, 75, 78, 83, 84 o., 91, 96 (2), 108, 112, 117, 122, 137, 149, 173, 177, 181 (2); Omar Munie: S. 139; Rotterdam Partners: S. 158 (2), 164; Rotterdam Partners (Jelle Mollema): S. 157 (2); Shutterstock/Christophe Cappelli: S. 83; Shutterstock/Daan Kloeg: S. 55; Shutterstock/inavanhateren: S. 103 o.; Shutterstock/Iryna Melnyk: S. 77; Shutterstock/joachim affeldt: S. 146; Shutterstock/Mark Wolters: S. 42; Shutterstock/Oxik: 21; Shutterstock/Sara Winter: S. 30; Theetuin: S. 77; VVV Texel (Marieke Timmermanns): S. 28 o.; VVV Texel (Tessa Jol): S. 28 u.; VVV Zeeland: S. 174, 178, 182, 186, 189; Wim van Vossen: S. 101. o.; Zeehondencentrum Pieterburen: S. 56

Umschlagvorderseite: Käse (Shutterstuck/crabgarden), Möwe (Shutterstock/Putida Supakarn), Siedlung auf Texel (Shutterstock/Venema)

Die Deutsche Nationalbibliothek verzeichnet diese Publikation in der Deutschen Nationalbibliografie; detaillierte bibliografische Daten sind im Internet über http://dnb.d-nb.de abrufbar.

ISBN 978-3-7343-1430-8